পঞ্চ কক্কর

(কেশ, কাংহা, কড়া, কচ্ছেরা, কিরপাণ)

জসমের সিংহ হোঠি

ডায়মণ্ড বুক্স

www.diamondbook.in

প্রকাশক : ডায়মণ্ড পকেট বুক্স (প্রা.) লি.
X - 30, ওখলা ইণ্ডাস্ট্রিয়াল এরিয়া, ফেজ - II,
নূতন দিল্লী - 110 020
ফোন : 011 - 40712200
ই-মেল : wecare@diamondbooks.in
ওয়েবসাইট : www.diamondbooks.in

Panch Kakaar

By : Jasmeer Singh Hothi

উৎসর্গ

হউন খালসাহি কহু, খালসা মেরো।
অটপট সাগর বুন্দেরো।
সরব লোহ গ্রন্থ

অত্যন্ত বিনয়ের সাথে, আমরা খালসা পন্থের চরণে এমন একটি সর্বজনীন, সর্বব্যাপী খালসা গোষ্ঠীকে নিবেদন করছি, যাকে শ্রী গুরু গোবিন্দ সিং জি নিখুঁত সৎগুরু, সজ্জন সুরা, প্রাণাধিক এবং নিজস্ব জীবন বলে অভিহিত করেছেন। এমন একটি খালসা

উপমা খালসাহি জাতি না কহি।
জিহ্বা ঐক পারু নহি লহি।।

সরব লোহ শাস্ত্র
-জসমের সিং হোঠি

শিখ রহত

- জসমের সিং হোঠি -

খান্ডা ফের ভিচ বাটে সরব লোহ দে, পড় বানিয়াঁ অমৃত বন দিত্তা।
সিস নেত্রাঙ দে ভিচ দে ছট্টা, মুখ রাহি ভি অংম্রিত পিয়া দিত্তা।
হুণ তু হ্যায় পুরখ পুরন দা, ইহ খালসে তাংই জনা দিত্তা।
হ্যায় ফতহি বি ওসে ওয়াহিগুরু দি, গুরু গোবিন্দ জি মুখং সুনা দিত্তা।

ছড়ুণা আপা তে রখানি রহত সদা, ইহ শিখান দে তাই দরসা দিত্তা।
সলামত রখনে জন্য সদা নে কেস, কাংঘা, লাকড়ি,কেসি স্যা দিত্তা।
অং-সঙ্গ রাখখিন কৃপাণ তাংই, কড়া সরবলোহ, হি পহিনা দিত্তা।
পাক্কা রহি জত-সত কে ভিচ, অরথ কাছহিরে দা সাহি সমঝা দিত্তা।

জুল্ম করনা তে না কদি সহিনা আই, রাখিয়া করনি সাদা গরীব দি আই।
হথোঁঙ দে শুকর মনাই রব দা, মিলনা তৈনুং জো ভিচ নাসিব দে আই।
ছড়না কুঠে তে তংবাকু তাই, রহনা, ভিচ গ্রহিসত, তাগিদ ভি আই।
অদব রখনা কেসাং দা গুরু ভাংগুঙ , ইহ হুকম তাংই মুরিদ ভি আই।
রক্ষিয়ং রহত তে বানি পড়ি মুখোঁ, কমি কোই ভি তৈনু না আউঁ লাগি।
জো দিল হোভে ওহি মুখ উপর, রিত বিপর দি ম্যানুঙ না ভাউন লাগ্নি।

নাম জপনা হ্যায় সদা হর ভেলে, উদম ধার কে সুভা নুং জাগনা আই।
পরচে পাই জানদে বার আউখে, কাম ক্রোধ তে লোভ নুং ত্যাগনা আই।
কিরত করনি হ্যায় সদা ধরম ওয়ালি, ভূখিয়ান তাংই প্রসাদা ছকাওয়ানা আই।
হোঠি গুরু সাডা হ্যায় নল সঙ্গে, ঐসা দুনিয়াং তাই দেখাওয়ানা আই।

সূচিপত্র

1.	শিখ রহত	05
2.	আশীর্বাদ	09
3.	স্বীকৃতি	11
4.	পটভূমি	17
5.	কঙ্কর	31
6.	কেশ	43
7.	কাংহা	77
8.	কড়া	87
9.	কিরপাণ	103
10.	কচ্ছেরা	124
11.	রেফারেন্স বই, পুস্তক এবং ট্র্যাক্ট	144

আশীর্বাদ
আপনার প্রতি গভীর ও আন্তরিক মহিমা

শ্রী কেশগড় সাহেব (আনন্দপুর সাহেব) স্থানে তরবারি দিয়ে নিজের ক্ষমতা পরীক্ষা করার পর, কালগীধর পাদশাহ বিশ্বমঞ্চে স্বতন্ত্র নীতি এবং একটি অনন্য পরিচয় সহ একটি অনন্য সম্প্রদায়, "খালসা পন্থ" প্রকাশ করেছিলেন। এই খালসা পন্থের গুরুশিখদের আধ্যাত্মিক উন্নতির জন্য, কালগীধর জী সকালে ঈশ্বরের প্রশংসা করার উদ্দেশ্যে পাঁচটি বাণীর উপাসনা, সন্ধ্যায় সোদর-রিরাসি পাঠ এবং রাতে বিশ্রাম নেওয়ার আগে "নিতনেম" হিসাবে ঈশ্বরের প্রশংসা করার জন্য সোহেল বাণী পাঠ করার নির্দেশ দিয়েছিলেন। গুরু সাহেব তাঁর প্রিয় গুরুশিখদেরকে শতাব্দীর পর শতাব্দী চারটি প্রধান পাপ এড়াতে উচ্চ ও বিশুদ্ধ আচরণ গ্রহণের জন্য কঠোরভাবে নির্দেশ দিয়েছিলেন, সৎগুরু জী খালসাকে তার স্বতন্ত্র পরিচয়ের জন্য পাঁচটি কক্কর রহতও প্রদান করেছিলেন। বর্তমান বই "পঞ্চ কক্কর" গুরু কর্তৃক প্রদত্ত এই কক্করগুলির অভ্যন্তরীণ, বাহ্যিক এবং আধ্যাত্মিক তাৎপর্য তুলে ধরে।

এই বইয়ের লেখক, গুরুমুখ প্যারে স. জসমের সিংহ জি-র কোনও পরিচয়ের প্রয়োজন নেই। যখন আপনার জীবন আচরণ এবং সংযমে ভরে ওঠে এবং গুরুর দেখানো পথ অনুসরণ করেন:

গুরশিখ মিট চলহু গুর চালি।
জো গুরু কহে সোই ভল মানহু হরি হরি কথা নিরাল।। 1।। রহাও।।

তিনি গুরু গ্রন্থ সাহেবের নীতি অনুসারে জীবনযাপন করছেন, এবং একই সাথে, গুরমতির গুরুত্বপূর্ণ বিষয়গুলির উপর বই লিখে, তিনি গুরমতি সাহিত্যের ভাণ্ডারেও অমূল্য অবদান রেখেছেন। গুরমতি জ্ঞানের এই ভান্ডারে, "সৎ ভার" ছাড়াও পাঞ্জাবি এবং হিন্দিতে তাঁর লেখা বইগুলি হল "পঞ্চ কে বাসি রে", "দশম দ্বারা আগম অপরা" এবং "সন্তান কি

মহিমা"। এই রচনার মাধ্যমে গুরমতির গভীর রহস্য উন্মোচনের এই ধারাবাহিকতায়, হোঠি সাহেব "পঞ্চ কক্কর" বইটি সংগঠকদের সামনে উপস্থাপন করে প্রশংসনীয় কাজ করেছেন।

দশমেশ পিতা জি কর্তৃক কেশ, কাংহা, কড়া, কিরপাণ এবং কচ্ছেরা রূপে প্রদত্ত এই 'পাঁচ কক্কর রহত'-এর আধ্যাত্মিক মহিমা এস. জসমের সিংহ জি কর্তৃক "পঞ্চ কক্কর" বইটিতে খালসা পন্থের অনুসরণে খুব সুন্দরভাবে উপস্থাপন করা হয়েছে। যেখানে তিনি এই পাঁচ কক্করের গঠন, তাদের উপকারিতা এবং মাহাত্ম্য সম্পর্কে বিস্তারিত বর্ণনা করেছেন। এই বইটিতে, সৎগুরু সাহেব জি কর্তৃক প্রদত্ত এই পাঁচ কক্করের পটভূমি, তাদের প্রয়োজনীয়তা এবং মাহাত্ম্যের সাথে, খালসা রেহাতের অবিচ্ছেদ্য অংশ এই পাঁচ কক্কর থেকে আমরা কী শিক্ষা পাই তাও এক অনন্য উপায়ে বর্ণনা করা হয়েছে। প্রাচীন চিন্তাভাবনা এবং গ্রন্থ থেকে প্রমাণ দেওয়ার পাশাপাশি, বিজ্ঞানের বর্তমান যুগে এই পাঁচ কক্করের অনন্য মাহাত্ম্যও গুরুমুখ লেখক জি কর্তৃক মহান গবেষণার মাধ্যমে প্রণয়ন করা হয়েছে। এই "পঞ্চ কক্কর" বইটি পাঁচ কক্করের অভ্যন্তরীণ, বাহ্যিক এবং আধ্যাত্মিক গুরুত্ব প্রকাশ করে, তাই এই পুস্তক প্রতিটি গুরশিখ এবং সাধারণ সাধকের জন্য অবশ্যই পাঠযোগ্য। যখন আমরা এই বইটি পড়ব, তখন আমরা অবশ্যই জানতে পারব যে গুরুদেব কালগীধর জি কত দূরদর্শিতার সাথে রেহাত খালসাকে এই পাঁচটি কক্কর দান করেছেন এবং আমাদের জীবনের উন্নতির জন্য এর গুরুত্ব কী।

এই দাস হৃদয়ের অন্তঃস্থল থেকে গুরু সৎগুরু জী'র চরণে প্রার্থনা করছে, যেন তিনি এস. জসমের সিং জি'কে 'গুরশিখ রেহাত-বাহাতে' আরও পরিপক্কতা দান করেন এবং সৎগুরু জী'র দেওয়া 'গুরমতের' জ্ঞান ভাগ করে নেন। আগামী দিনেও সেই জ্ঞান, লিখিত আকারে, শিখ সংগঠন গুলির সাথে ভাগ করে নেওয়া হবে, যাতে জিজ্ঞাসু মানুষরা উপকৃত হতে পারে এবং গুরমতের পথের সাথে তাদের সম্পর্ক আরও গভীর করতে পারে।

গুরু পন্থের দাস

সন্ত সেবা সিংহ

গুরুদ্বারা রামপুর খেড়া সাহেব

কৃতজ্ঞতা স্বীকার

পাঁচটি কক্কর হল শ্রী গুরু গোবিন্দ সিংহ জী কর্তৃক প্রদত্ত মূল্যবান বর। এই কক্কর এবং পাগড়ি দিয়ে একজন শিখকে দূর থেকে চেনা যায়। দশমেশ জী সকলকে কোনও বৈষম্য ছাড়াই সমতা প্রদান করেছিলেন। আমাদের জ্ঞান এটিকে বিভক্ত করে। গুরু জী'র চিন্তাধারা বিভাজনের অবসান ঘটিয়ে এক ঈশ্বরের সাথে সংযোগ স্থাপনের অনুপ্রেরণা জোগায়। শ্রী গুরু গোবিন্দ সিংহ জী জাতি, বর্ণ, ধনী-দরিদ্র, পুরুষ-মহিলা, অঞ্চল, কারো সাথে বৈষম্য না করে এবং অতীতের কর্মকাণ্ড স্মরণ না করে, সকলকে সেই অকালপুরুষের সাথে সংযুক্ত করেছিলেন, অমৃত দান করেছিলেন, নিজস্ব রূপ দিয়েছিলেন এবং খালসার অগ্রাধিকার জন্য অত্যন্ত প্রশংসনীয় বাক্য উচ্চারণ করেছিলেন এবং ৫টি কক্কর সৎগুরু জী কর্তৃক অত্যন্ত পবিত্র এবং অমূল্য উপহার হিসেবে স্বস্তি হিসেবে দান করা হয়েছে। এই ৫টি কক্কর সৎগুরু জী শিখ থেকে অবিচ্ছেদ্য হয়ে ওঠার প্রত্যক্ষ প্রমাণ। কোনও শিখ ব্যক্তি যখনই এগুলি পরিধান করেন, তখনই তিনি এমন কিছু অনুভব করেন যার পরিবর্তে তিনি বলেন:

গুরু মেরে সঙ্গী সাদা হ্যা, নাল।।
সীমরি সীমরি তীসু সাদা সামল।।

(অঙ্গ ৩৯৪)

(আমার গুরু সর্বদা আমার সাথে আছেন।
তাঁকে স্মরণ করে আমি সর্বদা তাঁর সাথে থাকি।)

শিখ সম্প্রদায়ের জীবনে এই পাঁচ সংখ্যার অনেক গুরুত্ব রয়েছে। এগুলি হল ৫: কক্কর, বানিয়া (নিতনেম), তত্ত্ব, জ্ঞান ইন্দ্রিয়, কর্ম ইন্দ্রিয়, স্নেহ, তখত এবং বিকারকেও বিশেষভাবে ৫ হিসাবে গণনা করা হয়। ভাই গুরুদাস জিও তাঁর ত্রয়োদশ সংস্করণে পাঁচটির মাহাত্ম্য প্রকাশ করেছেন:

ইকু শিখ দুই সাধ সাঙ্গু পঞ্জি পরমেসরু।।

প্রাচীনকালে প্রকাশিত বইগুলি অনুসন্ধান করতে গিয়ে আমি বুঝতে পেরেছি যে "৫ কক্কর" সম্পর্কে খুব কম লেখা হয়েছে। চুল বা কেশ সম্পর্কে কিছু বই আছে, যেখানে চুলের মাহাত্ম্য বর্ণনা করা হয়েছে, তবে অন্যান্য "কে" সম্পর্কে খুব কম লেখা হয়েছে, যা কেবল কয়েকটি লাইনের মধ্যে সীমাবদ্ধ। "৫ কে" সম্পর্কে অনুসন্ধান এবং অধ্যয়ন করার পরে এবং শ্রী গুরু গ্রন্থ সাহেব জি থেকে নির্দেশনা নেওয়ার পরে, আমি এটি সম্পর্কে বিস্তারিতভাবে লেখার চেষ্টা করেছি। ভাই গুরুদাস জি, ভাই নন্দ লাল (সিংহ) জি-এর বাণী থেকেও প্রমাণ দেওয়া হয়েছে। এই "৫ কে"-এর গুণাবলী, মাহাত্ম্য ইত্যাদি সম্পর্কে এবং বাকি বিশ্ব কী চোখে সেই গুলি দেখে তা জানার চেষ্টা করা হয়েছে। প্রাচীন ঐতিহাসিক প্রমাণও দেওয়া হয়েছে।

সৎগুরু জী প্রদত্ত "পঞ্চ কে"-এর মহিমা, মহত্ত্ব এবং ধর্মীয় দিকটি সম্পূর্ণরূপে বর্ণনা করা অসম্ভব কারণ একজন সাধারণ মানুষের চিন্তাভাবনা সীমিত, যেমন কূপের ব্যাঙ কেবল তার নিজস্ব বলয় সম্পর্কে কথা বলতে পারে এবং কেবল সেখানেই লম্ফ ঝম্প করতে পারে। সৎগুরু জী, কেবলমাত্র নিজেরই সমস্ত গুণাবলী এবং মহত্ত্ব জানেন এবং কীভাবে ৫ টি উপাদান ৫ কে-এর সাথে যুক্ত। আমাদের এইভাবে বোঝা এবং বিশ্বাস করা উচিত যে ঈশ্বর এবং গুরু জী এক এবং তাঁরা যে আদেশই দেন না কেন তা কেবল আমাদের মঙ্গলের জন্য। এতে কমবেশি চিন্তা করা আমাদের ঠিক হবে না, তা আমাদের অজ্ঞানতার পরিচয়। আদেশটি হল:

পুরে কা কিয়া সব কিছু পুরা ঘাটি বধি কিছু নাহি।
নানক গুরুমুখী ঐসা জানৈ পুরে মাহি সামাংহি।

(পর্ব ১৪১২)

আমি সৎগুরুজির প্রতি গভীর ভাবে কৃতজ্ঞ, যিনি আমাকে "পঞ্চ কে" সম্পর্কে লেখার সুযোগ করে দিয়েছেন। প্রথমদিকে, বহুমুখী গবেষণার পর এই বিশেষ এবং অনন্য বিষয়ে লেখা খুব কঠিন কাজ বলে মনে হয়েছিল, কিন্তু সৎগুরুজি আনন্দের সাথে এবং উদারভাবে আমাকে অনুপ্রাণিত করেছেন, উৎসাহিত করেছেন, কঠোর পরিশ্রম করেছেন এবং কাজটি সম্পন্ন করতে সাহায্য করেছেন। "পঞ্চ কে" সম্পর্কে লেখার সময়, আমি

এই "পঞ্চ কে" কীভাবে প্রস্তুত, তৈরি বা বানানো হয়েছে তাও লেখার চেষ্টা করেছি।

পাঞ্জাবি লেখকরা, বিশেষ করে যারা ধর্মীয় বিষয় নিয়ে কাজ করেন, তারা অনেক আর্থিক সমস্যার সম্মুখীন হন। একটি বই ছাপানো এবং অন্য জায়গায় পৌঁছে দেওয়া এবং বিতরণ করা বেশ কঠিন এবং ব্যয়বহুল বলে মনে হয়। কখনও কখনও বিদেশ থেকে বই আমদানি করতে যে খরচ তা বই ছাপানোর খরচের চেয়ে বেশি হয়। আমি আরও দু-একটি অনন্য বিষয় (ধর্মীয়) নিয়ে লেখার জন্য কিছু নোট তৈরি করেছি। সর্বব্যাপী সৎগুরু জি অবশ্যই কিছু না কিছু উপায় বের করবেন। সৎগুরু জি যদি অনুমোদন করেন, তাহলে অবশ্যই তিনি আমাকে দিয়ে করিয়ে নেবেন।

আমি ইউরোপীয় পাঞ্জাবি সভ্য সরদার মোতা সিং সারাইয়ের কাছে কৃতজ্ঞ, যিনি প্রচুর পরিশ্রমের সাথে পাঞ্জাবি ভাষায় "৫ কে" বইটি স্পনসর করেছেন। এখন এই বইটির দ্বিতীয় সংস্করণ শীঘ্রই প্রকাশিত হতে চলেছে।

আমি সন্ত সেবা সিং জি রামপুর খেদা ওয়ালের কাছে অত্যন্ত কৃতজ্ঞ, যিনি তাঁর মূল্যবান সময় থেকে কিছুটা সময় বের করে "৫ কে" বইটি পড়েছিলেন এবং আশীর্বাদ স্বরূপ কিছু কথা লিখেছিলেন। সন্ত সেবা সিং জি গুরমত বই প্রকাশ ও বিতরণ করে অনেক দেশ ও বিদেশে সেবা করছেন। আমি তাঁর ভাই এস. হরবিন্দর সিং ধিলন উলভারহ্যাম্পটন ইউকেকেও ধন্যবাদ জানাই, যিনি আমাকে সমর্থন করেছিলেন। আমি আমার স্ত্রী হরভজন কৌর এবং পুরো পরিবারকেও ধন্যবাদ জানাই, যারা এই পুস্তক লেখার সময় আমাকে কোনও রকম ভাবে বিরক্ত করেননি।

আমার শেষ দুটি বই "সাত ভার" এবং "মূল মন্ত্র বিচার" গোষ্ঠীর খুব পছন্দ হয়েছে। ধন্যবাদ, এই দুটি বইয়ের হিন্দি অনুবাদ ডায়মন্ড বুকস (দিল্লি) থেকে প্রকাশিত হয়েছে। "সাত ভার" পাঞ্জাবি ভাষায় ভাই চতর সিং জীবন সিং অমৃতসর দ্বারা প্রকাশিত হয়েছিল, ২০১৭ সালের এপ্রিল মাসে এবং প্রথম শ্রী দরবার সাহিবে শ্রী গুরু রামদাস সাহেব জির চরণে উপস্থাপিত হয়েছিল। দাসের অনুরোধে, সম্প্রদায়ের মহান কথক, ভাই সাহেব পিন্ডারপাল সিং জি "সাত ভার" বইটি প্রকাশের আগে পড়ার কষ্ট করেছিলেন এবং আশীর্বাদ স্বরূপ এই বাক্যগুলি লিখেছিলেন যে এই "সাত ভার" বইটি বৈজ্ঞানিক, আধ্যাত্মিক এবং সামাজিক উপায়ে লেখা হয়েছে।

আমি মনে করি শিখ জগতে সময় এবং গ্রহ সম্পর্কিত লেখা এই প্রথম বইটি একটি মাইলফলক হিসাবে প্রমাণিত হবে।

এস. মোতি সিংহ সারাই জি "সাত ভার" পড়ার পর তাঁর পছন্দের কথা জানিয়েছিলেন এবং বলেছেন যে তিনি পাঞ্জাবি সত্য থেকে "সাত ভার" এর দ্বিতীয় সংস্করণ প্রকাশ করার কথাও ভাবছেন। ২৬শে মার্চ ২০১৯ তারিখে হিন্দি ভবন দিল্লির পূর্ণাঙ্গ হলে সংগঠকের সামনে হিন্দিতে "সাত ভার" উপস্থাপন করা হয়েছিল এবং হিন্দি ভবনের ইতিহাসে প্রথমবার সেখানে "গুরবাণী" কীর্তন গাওয়া হয়েছিল। দিল্লির পণ্ডিত এবং গুরুদ্বার সাহেবের প্রতিনিধিরা এই অনুষ্ঠানে অংশগ্রহণ করেছিলেন। একইভাবে, ১৭ই নভেম্বর ২০১৯ তারিখে ভারতের জাতীয় বইমেলা, গান্ধী ময়দান, পাটনা সাহেবের বইমেলায় হিন্দিতে মূল মন্ত্র বিচার প্রকাশিত হয়েছে। এখানেও, মেলায় প্রথম কীর্তন পরিবেশিত হয়েছিল এবং তখত শ্রী পাটনা সাহেবের সিং সাহেবান প্রধান অতিথি ছিলেন। এখানে উল্লেখ করাও গুরুত্বপূর্ণ যে পাঞ্জাবের বাইরে অন্যান্য প্রদেশে বসবাসকারী শিখ এবং তাদের সন্তানরা বেশিরভাগই হিন্দিতে কথা বলে এবং পড়ে। তারা এই কাজের প্রশংসা করেছেন এবং তারা যে কৃতজ্ঞতা প্রকাশ করেছে তার থেকে আমরা অনুভব করেছি যে, সদগুরু জি সদয়ভাবে একটি ভালো কাজ সম্পন্ন করেছেন।

১৯ আগস্ট ২০১৯ তারিখে ইংল্যান্ডের বার্মিংহাম বিশ্ববিদ্যালয়ে আয়োজিত শ্রী গুরু নানক দেব সাহেব জি-র ৫৫০তম প্রকাশ পর্ব উপলক্ষে এক অনুষ্ঠানে পাঞ্জাবি ভাষায় বিচার সংঘের সামনে মূল মন্ত্র উপস্থাপন করা হয়েছিল। প্রধান অতিথি ভাই সাহেব ভাই মুহিন্দর সিং জি, যিনি গুরু নানক নিষ্কম সেবক জাঠের প্রধান, এই অনুষ্ঠানে উপস্থিত ছিলেন এবং আশীর্বাদ করেছিলেন। ভাই সাহেব ভাই মাহিন্দর সিং জি অত্যন্ত দয়ালু এবং জনহিতৈষী, আমি সকল প্রকার সাহায্যের জন্য তাঁকে ধন্যবাদ জানাই।

আমি ডায়মন্ড বুকসের শ্রী নরেন্দ্র কুমার ভার্মার প্রতি কৃতজ্ঞ, যিনি আমার "সাত ভার, মূল মন্ত্র বিচার" বইয়ের পরে হিন্দিতে "৫ কাকর" বইটি প্রকাশ করেছেন। এই তিনটি বইই ডঃ জসবিন্দর কৌর বিন্দ্রা হিন্দিতে অনুবাদ করেছেন।

এই "৫ কে" বইটি আরও আগেই প্রকাশিত হত কিন্তু করোনা (কোভিড-১৯) সমগ্র বিশ্বে অস্থিরতা সৃষ্টি করার কারণে অনেক মানুষের ব্যবসা এবং পরিবার ব্যাপক ক্ষতির সম্মুখীন হয়েছে। অনেক সময় অনেক রোগ এবং দুঃখ আমাদের নাড়া দিয়ে যায়। সৎগুরু জী দুঃখকে "দারু" বলেছেন। শ্রী গুরু অর্জান দেব সাহেব জী ভৈরৌ রাগে বলেছেন:

গুর কাহিয়া জো হোয়ি সভু প্রভ তে।।
তব কাড়া ছোড়ি অঞ্চিত হম সোতে।।

(পর্ব ১১৪০)

আপনি পুরো শব্দটি দেখতে পারেন। কিছুদিন আগে আমি কয়েকটি লাইন লিখেছিলাম, যা নিম্নরূপ:

নবী আই হ্যায় সভের। নস্‌স গয়া হ্যায় হনের
জুঠ কাহে কীতি দের। পড় জপুজী নুং ফের।

নবী আই...

সুত্তা রহা কই ভের। কদি সপ্ন কদে শের।
ভোন্দা রহা ভের ভের। মৌকা মিলিয়ে হ্যায় ফের।

নবী আই...

ছড দেহ মের ভের। হথে রহিণা নহি পকের।
কচ্চে কোঠিয়ান লপের।পোচি জাভে ফের ফের।

নবী আই...

রঙ্গ চাড় লা পকের। জপ বাণী ভের ভের।
হুণ তা হো গই বথের। ইসে ভারী হি নিভের।

নবী আই...

আমি বিশ্বাস করি যে ৫টি কক্কর প্রথা এখনও রয়ে গিয়েছে এবং গুরু সাহেব এটিকে এইভাবে ব্যাখ্যা করেছেন:

গুরসিখ মিত চলহু গুর চালি।।
জো গুরু কহ্যা সোই ভল মানহু হরি হরি কথা নিরালি।।

(পর্ব ৬৬৭)

এই ধরণের নিয়ম মেনে চলা শিখরা খালসা হতে সক্ষম। "পঞ্চ কক্কর" বইটি আপনার কেমন লাগল? দয়া করে আমাদের জানান। বইয়ের শুরুতে ইমেল ঠিকানা এবং টেলিফোন নম্বর দেওয়া আছে, তবে অনুবাদে ভুল, ত্রুটি থাকা স্বাভাবিক। সৎগুরু জি এবং গুরু সাহেব জি'র প্রিয় সংগতের কাছে ক্ষমাপ্রার্থী। যদি কোনও ব্যক্তি বা সংস্থা এই "পঞ্চ কক্কর" বইটি এই আকারে প্রকাশ করতে এবং নিজেদের মধ্যে বিতরণ করতে চায়, তাহলে তারা লেখকের সাথে যোগাযোগ করতে পারেন।

জসমের সিং হোঠি

এপ্রিল ২০২১

পটভূমি

পৃথিবীতে মানবজাতির প্রার্থনা স্বীকার করে, অকাল পুরখ জি স্বয়ং মানব রূপে এখানে এসেছিলেন। পূর্বে, অনেক দেবতা এবং অবতারকে পৃথিবীতে পাঠানো হয়েছিল কিন্তু ঈশ্বরের নাম জপ করার পরিবর্তে, তাঁরা নিজেদের নাম জপ করতে ব্যস্ত হয়ে পড়েছিলেন এবং নিজেদের ঈশ্বর বলে অভিহিত করতে করেন। শ্রী গুরু গোবিন্দ সিং জি 'বচিত্র নাটক'-এ এই বিষয়ে খোলাখুলিভাবে আলোচনা করেছেন।

শ্রী গুরু নানক দেব জি মহারাজ জি গুরু পরমেশ্বরের রূপে মর্ত্যলোকে (পৃথিবীতে) এসেছিলেন।

অপি নারায়িণু কলা ধারি জগ মহি পরভরিয়াউ।।
নিরঙ্কারি আকারু জোতি জগ মন্ডলী করিয়ডু।

(পর্ব ১৩৯৫)

শ্রী গুরু নানক দেব সাহেব জি সেই কাজ শুরু করেছিলেন, যা দশটি অবতার রূপে ২৩৯ বছরে সম্পন্ন হওয়ার কথা ছিল এবং মানুষকেও খালসা রূপ নিয়ে পূর্ণতা লাভ করতে হয়েছিল, সেই কারণেই তিনি আগে থেকেই সেই চ্যালেঞ্জিং বার্তাটি শুরু করেছিলেন যে যদি আমাদের সত্যকে রক্ষা করতে হয়, তবে আমাদের প্রেমের খেলা খেলতে হবে, তবেই:

জউ তউ প্রেম খেলণ কা চাউ। সিরু ধরি তলি গলি মেরি আউ।।
হতু মারগি প্যারু ধরিজই।। সির দিজই কাণী না কিজই।।

(অঙ্গ ১৪১২)

সৎগুরুজী মানুষের ভুল ধারণা দূর করার জন্য অনেক ভ্রমণ করেছিলেন, যা "চার উদাসী" নামে পরিচিত। তিনি প্রচুর বাণী উচ্চারণ করেছিলেন এবং বিশ্বকে ঈশ্বরের স্মরণের সাথে সংযুক্ত করেছিলেন এবং তাদের অকেজো কাজ থেকে বিরত রেখেছিলেন। তিনি ঈশ্বরের নাম জপ,

ধর্মীয় কাজ এবং খাবার ভাগাভাগি করার নীতিগুলিকে শক্তিশালী করার চেষ্টা করেন। তিনি ধর্মশালায় মণ্ডলীর আকারে ঈশ্বরের প্রশংসা করার ঐতিহ্য প্রতিষ্ঠা করেন। তাঁর বৈপ্লাবিক কাজ গুলিকে আরও শক্তিশালী করে তোলার জন্য, তিনি তাঁর পুত্রদের পরীক্ষা করেন, পরে তাঁর পুত্রদের পরিবর্তে একজন ভৃত্যের হাতে এই দায়িত্ব হস্তান্তর করেছিলেন এবং নিজেই মাথা নত করে দায়িত্ব ত্যাগ করেন।

গুরু অঙ্গদ দেব জি গুরুমুখী বর্ণমালা আরও জনপ্রিয় করে তুলেছিলেন এবং শরীর চর্চার জন্য খেলাধুলার মাধ্যমে শিখদের তাদের শরীরকে সুস্থ ও সবল রাখতে অনুপ্রেরণা দিয়েছিলেন। তিনি ভাই বালা জি-র কাছ থেকে গুরু নানক দেব সাহেবের জীবন কাহিনী শুনেছিলেন। তিনি কেবল পদ্যে বাণী আবৃত্তি করেছিলেন, তাই না বরং তিনি লঙ্গরের ঐতিহ্যকে শক্তিশালী করেছিলেন। আদেশ পালনের ক্ষমতা, যা বিশেষ করে গুরু অঙ্গদ দেব সাহেব জি-র জীবন থেকে স্পষ্ট। গুরু অমরদাস জি বৃদ্ধ বয়সে তাঁর কাছে এসেছিলেন এবং অত্যন্ত কঠোরভাবে তাঁর সেবা করেছিলেন, তারপরে তিনি সেই দায়িত্ব নিজের হাতে তুলে নেন। তিনি অনেক বাণী আবৃত্তি করেন এবং প্রচারের জন্য 'মাঞ্জিয়ান' এবং 'পীঠ' প্রতিষ্ঠা করেন।

তিনি গোইন্দওয়াল বাওলি সাহেব নির্মাণ করেন এবং বর্ণপ্রথা ভেঙে দেন, সতীদাহ প্রথা বিলুপ্ত করে তা পালন করান, এবং 'গুরু গদ্দি' লাভের জন্য যে যোগ্যতার পরীক্ষা হয়, তাতে তিনি উত্তীর্ণ হন এবং তাঁর ছোট জামাতা ভাই জেঠা জি ভাব গুরু রামদাস জিকে 'গুরু গদ্দি' প্রদান করেন। শ্রী গুরু রামদাস জি অনেক বাণী উচ্চারণ করেন এবং অমৃতসর শহরের ভিত্তি স্থাপন করেন। শ্রী গুরু রামদাস সাহেব জি-র জীবন ছিল ত্যাগ এবং নম্রতায় পরিপূর্ণ।

পঞ্চম সৎগুরু ছিলেন শ্রী গুরু অর্জন দেব জি, যিনি ছিলেন শ্রী গুরু রামদাস জি-এর পুত্র। তিনি শ্রী দরবার সাহিব জি-এর নির্মাণকাজ সম্পন্ন করেছিলেন এবং অনেক বাণী পাঠ করেছিলেন। তিনি প্রথম সৎগুরু এবং ভক্ত বাণীগুলির বাণী সংকলন করেছিলেন এবং শ্রী আদি গ্রন্থ জি-এর সম্পাদনা করেছিলেন, সেই সাথে শ্রী দরবার সাহিবকে অলংকৃত করেন। তাঁর ধর্মীয় আদর্শ এবং নিয়ম অনুসরণ করার সময়, তিনি নিজের দেহও

উৎসর্গ করেন এবং শহীদদের নেতা হন। সৎগুরু জি-র জীবনে ছিল দৃঢ় সংকল্প, সকলের প্রতি দয়া এবং ধর্মসভার প্রতি অগাধ শ্রদ্ধায় পরিপূর্ণ।

তাঁর পিতা গুরু অর্জন দেব জির শান্তিপূর্ণ সৎকারের পর, ষষ্ঠ গুরু হরিগোবিন্দ সাহেব জি ঘোষণা করেছিলেন যে এখন গুরু জির কাছে শক্তিশালী সৈন্য এবং অস্ত্র উপস্থাপন করা উচিত এবং তিনি দুটি 'মিরি-পিরি' কিরপাণ পরিধান করেন। তিনি 'অকাল তখত' নির্মাণ করেছিলেন, যা 'বাদশাহী তখতের' চেয়ে উঁচুতে রাখা হয়েছিল। গুরু সাহেব জির শিখ সেনাবাহিনী রাজার সেনাবাহিনীর সাথে চারটি যুদ্ধে অংশ নিয়েছিল, যেখানে তারা জয়লাভ করেছিল। কিন্তু গুরু সাহেব কোনও যুদ্ধ শুরু করেননি। শিখদের সাহস ক্রমশ বৃদ্ধি পেতে থাকে। সৎগুরু জি একজন মহান দানশীল যোদ্ধা হয়ে ওঠেন।

সপ্তম পাদশাহ শ্রী গুরু হরি রায় জিকে সিংহাসনে আরোহণ করার নির্দেশ দেওয়া হয়েছিল, যাতে তিনি সর্বদা ২২০০ অশ্বারোহী সৈন্য তাঁর সাথে রাখেন, তবে যুদ্ধ করার অনুমতি দেওয়া হয়নি। শ্রী গুরু হরি রায় সাহেব জি গুরবানির প্রতি অত্যন্ত ভালোবাসা দেখিয়েছিলেন এবং গুরবানির একটি অক্ষর পরিবর্তন করার পরেও তাঁর পুত্র রাম রায়কে ধারণ করতে বাধ্য করেননি। শিখদের মধ্যে বংশ পরম্পরায় যে শত্রুতা ছিল তিনি তার অবসান ঘটান। তিনি কথাকীর্তন প্রচার করেন। সদগুরু জি অত্যন্ত কোমল এবং প্রকৃতির খুব কাছে ছিলেন এবং সকল জীবের প্রতি করুণাময় ছিলেন।

অষ্টম গুরু ৫ বছর বয়সে গুরুগদ্দিতে অধিষ্ঠিত হন এবং ৭ বছর বয়সে জ্ঞানলাভ করেন। তিনি অল্প বয়সেই শিশুদের শিক্ষাদান এবং শিক্ষিত করার উপর জোর দেন। এই কারণেই অনেক শিখ স্কুলের নামকরণ করা হয়েছে শ্রী গুরু হরিকিষণ জির নামে। দিল্লিতে দরিদ্রদের সেবা করার সময় তিনি গুটিবসন্তে আক্রান্ত হন এবং এর ফলে তিনি শেষ নিশ্বাস ত্যাগ করেন। তিনি তাদের বাবা বাকালে বলে সম্বোধন করতেন।

বাকালায়, ২২টি মঞ্জি (খাট) নিয়ে লোকেরা নিজেদেরকে গুরু হিসেবে ঘোষণা করতে চেয়েছিল। শিখ ভাই মক্কান শাহ লুবানে গুরু তেগ বাহাদুর সাহেব জি-কে সামনে আনেন কারণ গুরু জ্যোতি তাঁর ডুবন্ত জাহাজ রক্ষা করেছিলেন এবং তিনি সৎগুরুজির কাছে ৫০০টি মোহর দেওয়ার জন্য প্রার্থনা করেছিলেন। কিন্তু এত মঞ্জি দেখে তিনি প্রত্যেককে ৫টি করে

মোহর দিয়ে মাথা নত করতে বাধ্য করেন এবং মনে মনে ভেবেছিলেন যে প্রকৃত গুরু নিজেই ৫০০ মোহরের কথা বলবেন। যখন গুরু সাহেব জি-কেও গর্ভগৃহে ৫টি মোহর রেখে মাথা নত করতে বাধ্য করা হয়েছিল, তখন গুরু সাহেব নিজেই এই বিষয়ে বলেছিলেন, 'ভাই মখ্খন শাহ, আপনি ৫০০ মোহরের প্রতিশ্রুতি দিয়েছিলেন আর দেখুন! আমি আপনার ভেলাটি কাঁধে বহন করে পার হয়েছি, আজও পেরেকের ক্ষত আমার কাঁধে।' মখ্খন শাহ খাটটিতে উঠে "গুরু লাধো রে" বলে গুরুজির প্রকাশ ঘটান।

শ্রী গুরু তেগ বাহাদুর সাহেব জি খুব নির্লিপ্ত এবং সরল হিন্দি ভাষায় বাণীটি আবৃত্তি করেছিলেন এবং গুরু জি ভোগের শ্লোকগুলিও আবৃত্তি করেছিলেন। গুরু সাহেব জি প্রচার করেছিলেন যে ভগবানের নাম ছাড়া আর কিছুই স্থায়ী নয়। সম্পদ, প্রাসাদ, বাংলোর প্রতি আসক্তি ত্যাগ করুন, ভগবানের নামের সাথে সংযোগ স্থাপন করেই অহংকার বা অহং বোধ থেকে মুক্তি পাওয়া যায়। যখন এখানে স্থায়ীভাবে থাকা সম্ভব না, তখন অহংকার করে কী লাভ? অহংকার ত্যাগ করুন এবং ভগবানকে চিনুন, কিন্তু ঘর ছেড়ে যাওয়ার কোনও প্রয়োজন নেই।

তিনি স্বভাবে ছিলেন দয়ালু, সেই কারণে, তিনি কাশ্মীরি পণ্ডিতদের অনুরোধ গ্রহণ করেছিলেন এবং নিজেই দিল্লি গিয়ে অন্য ধর্মের জন্য নিজের জীবন উৎসর্গ করেছিলেন এবং নিজের ধর্মকে অক্ষত রাখার চেষ্টা করেন। পৃথিবীর ইতিহাসে এমন উদাহরণ কোথাও পাওয়া যায় না। সৎগুরু জিকে অস্থির করে তোলার জন্য, বাদশাহ গুরু জি-র সাথে আসা তিন শিখকে তাঁরই সামনে নির্যাতন করেছিলেন এবং তাঁর সামনে তাদের শহীদ করেন। ভাই মতি দাস জি-কে করাত দিয়ে দুই টুকরো করা হয়েছিল। ভাই সতীদাস জি-কে তুলো দিয়ে মুড়িয়ে আগুন ধরিয়ে দেওয়া হয় এবং ভাই দয়ালাকে একটি কড়াইতে সেদ্ধ করা হয়েছিল। সৎগুরু জি এবং শিখ সম্প্রদায় এরপর দৃঢ় ছিলেন এবং তাদের ধর্ম পরিবর্তন করতে অস্বীকার করেন, আনন্দের সাথে মৃত্যু বরণ করেছিলেন। শ্রী গুরু গোবিন্দ সিং জি বচিত্তর নাটকে বলেছেন:

পুনরাবৃত্তি..

ঠিকর ফোরি দিলিস সিরি প্রভ পুরি কিয়া পয়ান।

তেগ বাহাদুর সি ক্রিয়া করি না কিনহুন আনা।। ১৫।।

তেগ বাহাদুর কে চলত ভয়ো জগত কো সোক।।

হ্যায় হ্যায় হ্যায় সব জগ ভয়ো জয় জয় জয় সুর লোক।। ১৬।।

(দশম বই)

যেখানে শ্রী গুরু তেগ বাহাদুর সাহেবের মাথা ধড় থেকে আলাদা করা হয়েছিল, দিল্লির সেই স্থান গুরুদ্বারা 'সীস গঞ্জ' সুশোভিত হয়েছে এবং লক্ষ্মী শাহ বনজারা তাঁর বাড়িতে ভক্তির সাথে তাঁর ধড়ের শেষকৃত্য করেছিলেন এবং তাঁর বাড়িটিও পুড়িয়ে দিয়েছিলেন। দিল্লির এই স্থানেই গুরুদ্বার রাকাব গঞ্জ সাহেব অবস্থিত। ভাই জয়তা জি সৎগুরুজির মাথা নিয়ে কিরাতপুর সাহেবে যান এবং সমগ্র মণ্ডলী কীর্তন গাইতে গাইতে আনন্দপুর সাহেবে পৌঁছান এবং এখানেই গুরুদ্বার সীস গঞ্জ সাহেব যেখানে গুরু সাহেব জি তাঁর মাথার শেষকৃত্য করেছিলেন।গুরু গোবিন্দ সিং জি বুঝতে পেরেছিলেন যে দিল্লিতে শত শত শিখ থাকলেও, সম্পূর্ণ পরিচয়ের অভাবে, কেউ সরাসরি নিজেকে শিখ বলে পরিচয় দিতে পারেনি।

নবম গুরু শ্রী গুরু তেগ বাহাদুর জী'র মৃত্যুর পর, শ্রী গুরু গোবিন্দ সিং জী মনে মনে দৃঢ় সিদ্ধান্ত নিয়েছিলেন যে, এমন একটি দল বা সংগঠন প্রতিষ্ঠা করা উচিত যা নিপীড়িত ও মৃত হৃদয়ে এক নতুন উৎসাহ এবং ঊর্ধ্বমুখী শিল্পের চেতনা জাগিয়ে তুলবে।

শ্রী গুরু গোবিন্দ সিং সাহেব জী এই কাজের জন্য ২৪ বছর ব্যয় করেছিলেন যাতে খালসা প্রকাশিত হতে পারে। এর শক্তির জন্য, বাণী পাঠের সাথে সাথে যুদ্ধের অভিজ্ঞতাও প্রয়োজন। একজন সাধু হওয়ার জন্য, একজন শিখের 'নিতনেম মরিয়াদের' প্রয়োজন ছিল এবং একজন সৈনিক হওয়ার জন্য, শৃঙ্খলা, সংযম এবং যুদ্ধ অনুশীলনের প্রয়োজন। একজন সাধু সৈনিকের জন্য বিশেষ করে ইউনিফর্ম, নিয়ম, বন্ধন এবং মুক্তি প্রয়োজন। শ্রী গুরু গোবিন্দ সিং জী'র মর্ত্যলোকে আগমনের উদ্দেশ্য বচিত্তর নাটকে বর্ণিত আছে:

ইয়াহি কাজ ধরা হাম জনমা।

সমাজ লেহু সাধু সব মন মন।।

ধরম চালাবন সন্ত উবারন।

দুসট সমন কো মূল উপারন।। ৪।।

খালসা সৃষ্টি এমন এক বৈপ্লবিক কাজ ছিল যার ফলে সকল মানুষ সমান অধিকার লাভ করতে সক্ষম হয়। গুরু সাহেব জির আশীর্বাদে, সৎগুরু জির জাতি, ধর্ম, ধনী-দরিদ্র, নারী-পুরুষ, সকল সংগতকে, কোনও বৈষম্য ছাড়াই, খালসা বানানোর জন্য করুণা/কৃপা প্রদর্শন করেছিলেন। ভাই গুরদাস সিং জির উচ্চারিত বাণী অংকিত করা যায় এইভাবে:

গুর সঙ্গত কীনি খালসা মনমুখি দুহেলা।

বাহ বাহ গোবিন্দ সিংহ আপে গুরু চেলা।।

সকলেই জানেন যে গুরু গোবিন্দ সিং জি কিভাবে এই কীর্তিটি করেছিলেন। এখানে এই ঘটনাটি সংক্ষেপে তুলে ধরা হচ্ছে। ১৬৯৯ সালে বৈশাখী উপলক্ষে গুরু জি সমস্ত গুরু নানক লেবা শিখ সংঘকে বিশেষ আমন্ত্রণ জানিয়েছিলেন। ইতিহাসে প্রায় ৮০ হাজার সংঘের সমাবেশের বর্ণনা রয়েছে, যা সেই সময়ের পরিবহন এবং পরিবহনের উপায় বিবেচনা করে একটি বিশাল সমাবেশ ছিল। গুরু গোবিন্দ সিং জি, হাতে একটি নগ্ন করিপাণ নিয়ে সর্বোচ্চ স্থানে দাঁড়িয়ে একটি মাথা চেয়েছিলেন। সমগ্র সংঘে আশ্চর্যজনক নীরবতা ছিল। লাহোরের দয়ারাম জি তাঁর মাথা উৎসর্গ করেছিলেন। তাঁকে তাঁবুতে নিয়ে যাওয়া হয়েছিল এবং যখন তিনি বেরিয়ে আসেন, তখন তরবারি রক্তে ভরা ছিল। এই দাবি চারবার পুনরাবৃত্তি করা হয়, তারপর দিল্লি থেকে ভাই ধরম চাঁদ জি, গুজরাটের দ্বারকা থেকে মোহকাম চাঁদ জি, ওড়িশার জগন্নাথ পুরী থেকে হিম্মত রায় জি এবং কর্ণাটকের বিদার থেকে সাহেব চাঁদ জি এসে একে একে তাদের মাথা উৎসর্গ করেছিলেন।

গুরু সাহেব জি এমন এক উঁচু জায়গা থেকে ডাকলেন, যা সকলের কাছে দৃশ্যমান ছিল এবং কেউ বলতে পারবে না যে তিনি দেখেননি বা জানেন না। গুরু সাহেব জি বলেননি যে আমি একজন পুরুষ বা একজন মহিলার মাথা চাই। বিভিন্ন ক্ষেত্রের এবং বিভিন্ন ব্যবসা-বাণিজ্যের সাথে যুক্ত এই পাঁচজন ভাগ্যবান ব্যক্তি পাঁচটি ধর্মীয় আচার-অনুষ্ঠানের পর পাঁচজন প্রিয়জন হিসেবে পরিচিত হন।

সৎগুরু জী এই পাঁচজনকে পুনরুজ্জীবিত করেছিলেন, পাঁচটি বাণী পাঠ করে অমৃত প্রস্তুত করেছিলেন এবং তাদের মাথা, চোখ এবং মুখে পাঁচ বার অমৃত ঢেলে বলতে বলেছিলেন, 'ওয়াহেগুরু জি কা খালসা।

ওয়াহেগুরু জি কি ফতে।' পাঁচটি 'রেহাত', 'নিতনেম' এবং চারটি 'কুর্হিত' এড়াতে নির্দেশ দিয়ে তিনি তাদেরকে সত্য ও ন্যায়ের রক্ষক করে তুলেছিলেন। যখন তাঁর মস্তক ছেদন করা হয়েছিল তখন তাঁর ভেতর থেকে মৃত্যুর ভয় চলে গিয়েছিল। সৎগুরু জী খালসার প্রশংসায় বাণী পাঠ করেছিলেন এবং খালসাকে তাঁর বিশেষ রূপের কথা বলেছিলেন। তিনি তাদের 'অকাল পুরখের' সেনাবাহিনীর উপাধি দিয়েছিলেন এবং 'অকাল পুরখের' নির্ভীকতা ও নির্ভীকতার বিশেষ গুণাবলী খালসাকে অমর করে তুলেছে। তিনি খালসাকে শৃঙ্খলা শিখিয়েছেন, সাধু সৈন্যদের 'নিতনেম', অস্ত্র, ইউনিফর্ম, 'রাহত' এবং কক্কর দিয়েছিলেন। এই আইন অনুসারে, এমন একটি ভ্রাতৃত্ব প্রতিষ্ঠিত হয়েছিল যার তুলনা পৃথিবীতে আর নেই। শুধু তাই নয়, পাঁচজন (রাহতওয়ান) কে গুরু 'জ্যোতির যুগতী' প্রকাশ করার অধিকারও দেওয়া হয়েছিল। যেখানে আত্মা শ্রী গুরু গ্রন্থ সাহেব জিতে এবং দেহ গুরু পন্থে, আবেগ পাঁচটি 'রাহতওয়ান তাইয়ার-বার-তায়ার সিংহে' থাকবে।

পরে সৎগুরু নিজেই পাঁচজনের কাছে প্রার্থনা করে অমৃত গ্রহণ করেন এবং আদেশ দেন যে, মণ্ডলী কেবল পাঁচজন প্রিয়জনের কাছ থেকে অমৃত গ্রহণ করবে। এভাবে, খালসা সর্বব্যাপী হয়ে ওঠে। পুরুষদের সিং (সিংহ) উপাধি দেওয়া হয় এবং মহিলাদের কৌর (রাজকুমারী) উপাধি দেওয়া হয়। খালসাকে তার নদীপুত্র বলে অভিহিত করে, সৎগুরুজি পবিত্র আত্মা, কুমারী দোলাকে মাতা সাহেব কৌরজির কোলে স্থাপন করেন। কারণ খালসা একজন নদীপুত্র, বিন্দিপুত্র নন। অতএব, তার মায়েরও একটি পবিত্র দেহ এবং আত্মা রয়েছে এবং কেশগড় হল তার জন্মস্থান, যেখানে খালসার আবির্ভাব ঘটে। মানব ইতিহাসে এই প্রথমবার এমন ঘটনা ঘটেছে যখন কোনও সম্প্রদায় তাদের 'প্রগট দিবস' (জন্মদিন) উদযাপন করছে, যেমন শিখরা পয়লা বৈশাখে উদযাপন করে।

সৎগুরুজি খালসাকে আদেশ দেন যে সত্য, ন্যায়বিচার এবং মানবতার জন্য ত্যাগ স্বীকার করতে হলেও তাদের পিছপা হওয়া উচিত নয় এবং গুরু এবং 'অকাল পুরখের' প্রতি বিশ্বাস রাখা উচিত এবং এই বর প্রার্থনা করা উচিত।

দেহি সিবা বরু মোহি ইহ্যা শুভ করমন তে কবাহুন ন টারোঁ।।

ন ডরোঁ অরি সো জব জায়ি লরোঁ নিসচৈ করি অপুনি জিত করো।।

(পৃষ্ঠা ১০)

গুরু ও শিষ্যের মধ্যে অবিচ্ছেদ্য সম্পর্ক শুরু করেছিলেন সৎগুরু শ্রী নানক দেব সাহেব জি। দশম গুরু জি খালসাকে প্রকৃত ও বাস্তব রূপ প্রদান করে গুরু শব্দের মতো শাশ্বত ও স্থায়ী উপাধি দিয়ে এটিকে চিরস্থায়ী করে তুলেছিলেন। খালসা হওয়ার জন্য প্রথমে 'সিংহ' হওয়া আবশ্যক করা হয়েছিল এবং খালসাকে সর্বদা গুরুর জ্ঞান বাক্যের সান্নিধ্যে থাকার নির্দেশ দেওয়া হয়। খালসাকে সর্বদা গুরুর জ্ঞানের সান্নিধ্যে থাকতে হবে এবং খালসাকে এই উপলব্ধিও দেওয়া হয়েছিল যে খালসার গুরু কোনও দেহধারী ব্যক্তি হতে পারে না কেবল গুরু মন্ত্র। শ্রী গুরু গোবিন্দ সিং জি মূল মন্ত্র এবং গুর মন্ত্র দিয়েছিলেন এবং বলেছিলেন যে,'আজ থেকে তোমাদের সকলের প্রথম জাত এবং গোত্র শেষ হয়ে গিয়েছে, তোমরা সকলেই গুরুভাই। গুরু সাহেব জি তাঁর মাথা তুলে অমর জীবন এবং মৃত্যুর মধ্যে পার্থক্য ব্যাখ্যা করেছিলেন যে খালসাকে সর্বদা গর্বের সাথে বাঁচতে হবে।' বাণীতেও একটি আদেশ রয়েছে:

সো জিভিয়া জিসু মনি ভসিয়া সোই।।

নানক অভরু ন জিবৈ কোয়ি।।

জে জিভৈ পতি লথি জায়ি।।

সভু হরামু জেতা কিছু খায়ি।।

(পর্ব ১৪২)

শ্রী গুরু গোবিন্দ সিংহ জী কর্তৃক খালসা সৃষ্টি এবং একই পাত্র থেকে সকলকে অমৃত প্রদান করা এতটাই বৈপ্লবিক কাজ ছিল যে ব্রাহ্মণ অধ্যুষিত সমাজ তা মেনে নিতে পারেনি। তারা বলেছিল যে উচ্চ বর্ণ এবং উচ্চ পদমর্যাদার অধিকারী হয়েও শূদ্রদের কীভাবে সমান অধিকার দেওয়া যেতে পারে, এটি শতাব্দীর পর শতাব্দী ধরে চলে আসা একটি ঐতিহ্য। বেশিরভাগ পাহাড়ি রাজাও গুরু সাহেবকে তাদের শত্রু মনে করতেন এবং ব্রাহ্মণরা রাজাকে লিখেছিলেন যে তিনি আপনার এবং আমাদের উভয়েরই শত্রু। যদিও গুরু সাহেব পূর্ববর্তী যুদ্ধগুলিতে জয়লাভ করেছিলেন, অথচ

তিনি কখনও কারও জমির একটি ছোট অংশও দখল করেননি। সৎগুরু জী সেই রাজাদেরও মুঘলদের দাসত্ব থেকে মুক্ত করতে চেয়েছিলেন। গুরু সাহেব জী বলেছিলেন যে উচ্চ বর্ণে জন্মগ্রহণ করে কেউ মহান হয় না, সমস্ত মানুষেরই তাদের স্বাভাবিক গুণাবলীর দ্বারা উন্নতি করার অধিকার রয়েছে। সৎগুরু জী বলেছিলেন যে পাপের বিরুদ্ধে লড়াই করাই সৎকর্ম কিন্তু তিনি কোনও পাপী বা দুষ্ট ব্যক্তিকে ঘৃণা করতেন না, বরং তিনি তাদের অনৈতিক কর্ম এবং পাপকে ঘৃণা করতেন।

সৎগুরু জি সরাসরি খালসাকে অকাল পুরখের সাথে সংযুক্ত করেছিলেন। তিনি একথাও বলেননি যে, এটি গুরু গোবিন্দ সিংহের খালসা, বরং তিনি খালসাকে অকাল পুরখের সেনাবাহিনী বলেছিলেন এবং সমস্ত গুণাবলী খালসার হাতে তুলে দিয়েছিলেন। তাই খালসা-গুরু সাহেব-অকাল পুরখ এক হয়েছিলেন কারণ অকাল পুরখের যে সমস্ত গুণাবলী রয়েছে তা কার্যত খালসার মধ্যে দেখা যায় যেমন ক্ষুধার্তদের খাবার বিতরণ করা, এমনকি যদি সে শত্রুও হয়, কোনও নিরস্ত্র ব্যক্তি বা মহিলাকে আক্রমণ না করা, যারা আশ্রয় প্রার্থনা করে তাদের ক্ষমা করা, সকলের মধ্যে এক আলো দেখা, করুণা প্রদর্শন করা। এগুলি বাদশাহ দরবেশ গুরু সাহেব এবং অকাল পুরখের গুণাবলী। কিন্তু এই গুণাবলী কীভাবে তাদের পছন্দের বিষয় হয়ে উঠবে যারা জনসাধারণকে বিভক্ত করে এবং তাদের মধ্যে বৈষম্য তৈরি করে তাদের ক্ষমতা বা আভিজাত্য প্রতিষ্ঠা করতে চায়, যারা প্রতিদিন নতুন পরিকল্পনা এবং কৌশল ব্যবহার করে এবং আজও শাসক দল তাদের ব্যবহার করছে কারণ শাসকরা এই গুণাবলী পছন্দ করে না কারণ তারা তাদের অবস্থান বজায় রাখার বিষয়ে সবচেয়ে বেশি চিন্তিত।

সকলকে সম্বোধন করে সৎগুরু জী বলেন, 'তোমাদের সকলের একই পথ অনুসরণ করা উচিত এবং একই ধর্ম অনুসরণ করা উচিত। বিভিন্ন বর্ণের মধ্যে পার্থক্য দূর করতে হবে। নিজেদেরকে অন্যদের থেকে শ্রেষ্ঠ মনে করা উচিত নয় এবং বর্ণের মধ্যে পার্থক্য মূল থেকে নির্মূল করতে হবে।

সৎগুরু জী শিখদের কিছু বিশেষ নিয়ম ও আদেশ দিয়েছিলেন যাতে তারা অন্যান্য ধর্ম ও সম্প্রদায় থেকে স্বতন্ত্র থাকে যাতে সকলকে একটি মহান খালসা সংগঠনে একত্রিত করা যায়। শিখদের অমৃতের সময় পাঁচটি বাণী: 'জপুজি', 'জপু', 'সাভাইয়া', 'চৌপাই' এবং 'আনন্দ সাহেব', সন্ধ্যায়

'রেহিরা' এবং ঘুমানোর আগে 'সোহিলা' পাঠ করতে হত। তিনি পাঁচটি 'ক'কারকে' শক্তিশালী বলেছিলেন এবং তাদের কেশ, কাংহা, কড়া, কিরপাণ এবং কচ্ছেরা পরতে আদেশ করেছিলেন। গুরুজী বলেছিলেন যে শিখ রহতের মাধ্যমে, শব্দ জপের মাধ্যমে বন্দি, পাপ, কুকর্ম, খারাপ অভ্যাস এবং কুমনোভাব জীবকে ছেড়ে যায়, এটি কেবল শব্দের সাথে সংযোগের কারণেই সম্ভব, যা শব্দের মাহাত্ম্য।

তিনি চারটি খারাপ অভ্যাস এড়াতে নির্দেশ দিয়েছিলেন, চুলের অসম্মান না করা, অন্য নারী বা পুরুষের সাথে শারীরিক সম্পর্ক না রাখা, হালাল খাবার না খাওয়া, তামাক না খাওয়া। ওয়াহেগুরু জির প্রতি পূর্ণ বিশ্বাস রাখা এবং অন্য কোনও দেবতা বা দেবীর কথা না ভাবা। ইতিহাসে লেখা আছে যে প্রথম দিনেই ২০,০০০ এরও বেশি শিখ অমৃত গ্রহণ করেছিলেন। তা সাধু সৈন্যদের খালসা সম্প্রদায়ে পরিণত করেছিল। এটি প্রমাণ করে যে শিখরা আগে কক্কর পরতেন কিন্তু গুরু সাহেব জির আদেশের পর তা বাধ্যতামূলক করে দেওয়া হয়। তিনি নিজেই পাঁচজনের কাছ থেকে অমৃত গ্রহণ করে নতুন করে শিখ ধর্মের মর্যাদা প্রতিষ্ঠা করেছিলেন। এই কক্করগুলিকে একইভাবে বোঝা উচিত যেভাবে একজন বিবাহিত মহিলা তার মাথা সিঁদুর দিয়ে সাজিয়ে তার বৈবাহিক সুখ অক্ষুণ্ণ রাখে। একইভাবে, কক্কর পরা ব্যক্তি এটি বুঝিয়ে দেয় যে তিনি গুরু সাহেব জির একজন শিখ। সেই শিখের অনুভূতিও এইরকম হওয়া উচিত:

গুরু মেরৈ সঙ্গী সদা হ্যায় নালে।।
সিমরি সিমরি তিসু সদা সমালে।।

(অঙ্গ ৩৯৪)

প্রতিটি শিখকে জীবনে সকল ধরণের সততা গ্রহণ করতে হবে কারণ প্রতীকীভাবে তিনি গুরু সাহেব জির প্রতিনিধি। প্রাচীনকালে, গুরু সাহেব জির শিখদের জীবন অত্যন্ত উচ্চ এবং আদর্শ ছিল, আজও এমন শিখ আছে, তবে তাদের সংখ্যা কম হতে পারে। আমাদের শিখদের প্রধান প্রতিষ্ঠানগুলিকে এই দুর্বলতার কারণ খুঁজে বের করার জন্য তাদের অভ্যন্তরীণ কাঠামো এবং তাদের ব্যক্তিগত জীবনের দিকে নজর দেওয়া উচিত। সৎগুরু জিকে পছন্দ করা হয়, তাঁকে নির্বাচন করা হয়না। সৎগুরুজি নিজেই তার প্রতিনিধিদের পরীক্ষা-নিরীক্ষা করে বাছাই করে

নির্বাচন করেছিলেন, 'সঙ্গটের' হাতে তুলে বা ভোট দিয়ে নয়। যারা সদস্য, প্রধান বা রাষ্ট্রপতি হওয়ার জন্য নির্বাচনে প্রতিদ্বন্দ্বিতা করেন, তারা ভোট পেতে দৌড়ে বেড়ান, নিজেদের প্রচার করেন। গুরু সাহেব এবং শিখদের ইতিহাসে এমন কোনও নীতি নেই। গুরু সাহেব পাঁচজন প্রিয়জনকে, যারা তাদের মাথা উৎসর্গ করেছিলেন, তাদের উদ্দেশ্যে বলেছিলেন। নবাব কাপুর সিং জী কি তাদের হাত তুলে বা ভোট দিয়ে 'নবাব' হয়েছিলেন? না, একেবারেই না, তাদের সেবা দেখে তাদের উপর সেই দায়িত্ব অর্পণ করা হয়েছিল। এই প্রথার কারণে, শিখরা অনেক কষ্ট পেয়েছে। এই প্রথা পরিবর্তন করার একটি ভয়াবহ, তাৎক্ষণিক এবং জরুরি প্রয়োজন। শিখদেরও গৌড়ি রাগে শ্রী গুরু রামদাস সাহেব জির শিখ ত্রাণ সম্পর্কে যে কথাগুলি উচ্চারিত হয়েছিল তা নিয়ে চিন্তা করা উচিত। ক্রমটি হল:

গুর সতীগুর কা জো শিখু আখায়ে সু ভলকে উঠি হরি নামু ধিয়াভে।।

উদমু করে ভলকে পরভাতি ইসনানু করে অমৃত সারি নাভাই।

উপদেশী গুরু হরি হরি জপু জপাই সভি কিলভিখ পাপ দোখ লাহি জাভেই।।

ফিরি চরোই দিবসু গুরবাণী গাই, বহিদিয়া, উঠদিয়া, হরি নামু ধিয়াভৈ।।

জো সাসি গিরাসি ধিয়ায়ে মেরা হরি হরি সো গুরসিখু গুরু মানি ভাবৈ।।

জিস নো দয়িআলু হোভৈ মেরে সুআমি তীসু গুরসিখ গুরু উপদেসু সুনাবৈ।।

জানু নানকু ধুদি মাঙ্গি তিসু গুরসিখ কি জো অপি জপোই অভরহ নামু জপভৈ।।

(পর্ব ৩০৫)

শ্রী গুরু নানক দেব জি যখন এই পৃথিবীতে এসেছিলেন, তখন তিনি ঘোষণা করেছিলেন যে একজন ধার্মিক ব্যক্তি দুই পক্ষের হতে পারেন না এবং বলেছিলেন যে, এই বিষয়টি আমাদের সাথে সম্পর্কিত নয়, এটি আমাদের শাসনের ক্ষেত্র নয়, এটি বলা অনুমোদিত নয়। গুরু সাহেবান

মানবাধিকার এবং মানবিক মর্যাদাকে সর্বজনীন করতে চেয়েছিলেন এবং বলেছিলেন যে একজন শিখকে সাহসী হওয়া উচিত এবং তার নিজস্ব ইচ্ছে, সাহস, স্বাধীনতা, উৎসাহ এবং দাসত্ব ছাড়াই বাস্তব জীবনযাপন করা উচিত। "শিখি শিখিয়া গুর বিচারি।। নাদরি কর্মি লঘায়ে পারি।" সমাজে বসবাস করার সময়, শিখদের তাদের জীবন যাপন-প্রক্রিয়া এবং আদর্শ রক্ষা এবং সংরক্ষণ করতে হবে। এই কারণেই একজন শিখ শিখি দান, কেশ দান, রাহত দান, অমৃতসরে কমপক্ষে দুবার আরদাসে স্নান করার জন্য প্রার্থনা করেন, অর্থাৎ 'আমি যেন গুরু সাহেব জি'র আশীর্বাদ পেতে পারি।'

সিংহ অর্থাৎ পশুরাজ, আর কৌর মানে রাজকুমারী। আমি একবার সিংহ নিয়ে একটি অনুষ্ঠান দেখছিলাম। একটি ছোট সিংহকে চিড়িয়াখানার বেড়া ঘেরা ঘেরে আনা হয়েছিল, যেখানে আগে থেকেই একটি ছোট সিংহী বাস করত। সিংহটিকে যখন ঘের ঘেরে নামানো হয়, তখন সিংহীটি তার পা সামনের দিকে প্রসারিত করে বসেছিল, সিংহের কর্তৃত্বের প্রতি তার স্বীকৃতির ইঙ্গিত দিয়ে। তবে, সিংহ সিংহীর দিকে কোনও মনোযোগ দেয়নি; বরং, সে তার চারপাশ পর্যবেক্ষণ করে ঘুরে বেড়ায়। দুই বা তিন দিন পরে, অঞ্চলটির সাথে পরিচিত হওয়ার পরেও, সে সিংহীর প্রতি কোনও আগ্রহ দেখায়নি। একইভাবে, একজন শিখের উচিত আত্মনিয়ন্ত্রণ বজায় রাখা, তার সীমানা এবং অভ্যন্তরীণ আবেগ নিয়ন্ত্রণে রাখা।

সৎগুরু জি বলেছেন যে, 'রিহাতে' থাকলে এবং শব্দের সাথে সংযোগ স্থাপনের মাধ্যমে, আবেগ থেকে রেহাই পাওয়া যায় এবং আবেগগুলি থেকে মুক্তি পাওয়ার ফলে শিখরা কম কষ্ট পায়। আদেশটি হল:

রহত রহত রহি জাহি বিকারা।।
গুর পুরে কৈ সবদি অপারা।।

ভাই নন্দ লাল (সিং) জি রেহতানামা সম্পর্কে আরও বর্ণনা করেছেন:

রহত রহত রহি জায়ি বিকারা।।
রহত ধরম সিঙঘন কো সারা।।১০৪।।
রহত বিন সদগতি নহি হোই।।

রহত বিনা ভল কহৈ ন কোই।।১০৫।।

রহত বিনা নহি সিংঘ কহাবৈ।।

রহত বিনা দর চোটা খাবৈ।।১০৬।।

রহত বিনা জগ মো ভরভাই।।

রহত বিনা নর নরকে জাই।।১০৭।।

রহত বিনা তনখাহী জানো।।

রহত বিনা জড় ভূত ভখানো।।১০৮।।

রহত বিনা সুখ কবহু ন লহৈ।।

তাং তে রহত সু দৃঢ়ী কর গহৈ।।১০৯।।

ভাই নন্দ লাল জি বলেন যে মনকে দৃঢ় রেখে এবং ভক্তির মাধ্যমে একজন ব্যক্তি সম্পূর্ণ স্বস্তি লাভ করতে পারে। ঈশ্বর যখন থেকে পৃথিবী সৃষ্টি করেছেন, তখন থেকেই তিনি মানুষকে সৃষ্টি করেছেন এবং তাকে চুলের সাজ প্রদানের মধ্যে দিয়ে আশীর্বাদ করেছেন। রহতনামায় তিনি বলেছেন:

মন দৃঢ়ী রাখহি ভগতি কমাভৈ।।

পূরণ রহত তহা তে পাভৈ।।৮৭।।

জব পহিলে সব গ্রিশট ছুপাই।।

তবে হি মানুখ দেহি বনাই।।৮৮।।

তন ইস কে সির কেস জু দিনো।।

সো ইহ তন সিঙ্গারহি কিনো।। ৮৯।।

দাড়া মুছ সির কেস বনাই।।

হৈ ইহ দৃঢ়ী জিহ প্রভু রজাই।। ৯০।।

শ্রী গুরু গোবিন্দ সিংহের কাছ থেকে নির্দেশনা গ্রহণ করে ভাই নন্দ লাল জি এই কথাগুলি বলেছিলেন যে যদি একজন পূর্ণ 'রহতওয়ালা' সিংহ থাকে, তবে তিনি অন্যদের জন্য এক আদর্শ উদাহরণ হয়ে উঠবেন। এই ধরনের 'রহতধারী' শিখ একজন গুরুর মতো এবং আমি তাঁর শিষ্য। ক্রমটি নিম্নরূপ:

রহত্ত্বান জগ সিংহ জে কোই।।
গুর কে লোক বসৈঙ্গে তেই।।১০২।।
রহিনি রহৈ সোই শিখ মেরা।।
বহ ঠাকুর মে উস কা চেরা।। ১০৩।।

কঙ্কর

শ্রী গুরু নানক দেব সাহেব জির সময় থেকে ধর্ম প্রচারের প্রচেষ্টা শুরু হয়েছিল এবং শিখদের নাম জপ, ধর্মীয় কাজ করা এবং সাধুদের আশীর্বাদ পাওয়ার নীতি অনুসরণ করতে বাধ্য করা হয়েছিল। ধর্মশালা (গুরুদ্বারা) নির্মাণের পরামর্শ পাওয়া যায় উদাসী অর্থাৎ গুরু সাহেব জির ভ্রমণের সময় এবং 'মঞ্জিয়া' প্রদানের প্রমাণও পাওয়া যায়। এই প্রথাকে আরও প্রচার করার জন্য, শ্রী গুরু অমরদাস জিও প্রচেষ্টা চালিয়েছিলেন এবং শিখদের দূর দূরান্তে প্রচারের জন্য প্রেরণ করেছিলেন। এমনকি স্ত্রী এবং মহিলাদেরও পীড়া (চৌকি) দেওয়া হয়েছিল। তারপর পাঞ্জাবি মসান্দগুলিতে এলান (তখত বা প্রচারের জন্য বিছানায় বসে থাকা) নিযুক্ত করা হয়। এই মসান্দরা শিখ ধর্মের সাথে মানুষকে সংযুক্ত করার জন্য মধ্যস্থতার কাজ করত। কিন্তু যখন জপ এবং ধ্যান হ্রাস পায় অর্থাৎ মসান্দ নিযুক্ত করার ক্ষমতা কমে যায় এবং তাদের পরিবর্তে নিজস্ব উপাসনা এবং প্রতিপত্তি বৃদ্ধি পায়, তখন গুরু সাহেবকে তাঁর শিখ বানানোর পরিবর্তে, তারা তাদের নিজস্ব শিখ তৈরি করতে শুরু করে। শিখ নীতিমালায় দশবন্ধ (কষ্ট উপার্জনের দশমাংশ) ইত্যাদির কারণে, প্রচুর অর্থ জমা হতে শুরু করে, যা আসলে সঙ্গতরা লঙ্গর এবং গুরুদ্বারা ও সরোবর নির্মাণের জন্য উপহার হিসেবে দিত। কিন্তু লোভ, আকাঙ্ক্ষা এবং অহংকারের কারণে, মাসন্দরা সেই সম্পদ নিজেদের কাছে রাখতে শুরু করে এবং নিজেরাই গুরু হয়ে ওঠে। গুরুর ভয় দেখিয়ে, তারা শিখ সঙ্গতকে আরও সম্পদ দান করার জন্য চাপ দিতে শুরু করে। তাদের মধ্যে কেবল কয়েকজন মাসন্দই সৎ ছিলেন, নয়তো বেশিরভাগই কলঙ্কিত ছিলেন।

দশম গুরু এই প্রথা বাতিল করে দিয়েছিলেন এবং অনেক দুষ্ট ও অসৎ উদ্দেশ্যপ্রণোদিত মসান্দকে শাস্তি দেওয়া হয়। এই পতনের কারণ ছিল ব্যক্তিগত জীবন এবং নিজস্ব স্তর। গুরু সাহেব দৃঢ়ভাবে সিদ্ধান্ত নিয়েছিলেন যে একজন শিখ, যতই ধর্মপ্রাণ, অভিজ্ঞ এবং জ্ঞানী হোক না

কেন, অন্য একজন শিখকে দীক্ষা দেওয়ার অধিকার দেওয়া উচিত নয়। ১৬৯৯ সালে 'বৈশাখী'তে একটি বিশেষ ঘটনা ঘটেছিল, যখন এই পবিত্র 'পঞ্চ কক্কর' উপহার হিসেবে খালসার কোলে স্থাপন করা হয়। গুরু সাহেবের উপস্থিতিতে মাত্র পাঁচজন শিখকে গুরু সাহেব এই পবিত্র কাজটি সম্পাদনের ক্ষমতা দিয়েছিলেন এবং তারা পঞ্চপ্রিয় হিসেবে পরিচিত। তবে, এটি বোঝা গুরুত্বপূর্ণ যে তাদের অবস্থান কেবল ততক্ষণ পর্যন্ত বৈধ যতক্ষণ তারা অমৃত সঞ্চার অনুষ্ঠানে অংশগ্রহণ করেন বা নগর কীর্তনে শ্রী গুরু গ্রন্থ সাহেবের শোভাযাত্রার সামনে হেঁটে যান।

শ্রী গুরু গোবিন্দ সিং জি এই মাথাগুলি দাবি করে এবং তারপর সেগুলি হস্তান্তর করে, মৃত্যুর ভয় দূর করার ঘোষণা করেন। যদি মাথা গুরুর হয়, তাহলে চিন্তাভাবনাও গুরুর মতোই বিস্তৃত হওয়া উচিত, জাতি, ধর্ম, বর্ণের ঊর্ধ্বে, এবং পূর্ণ বিশ্বাস থাকা উচিত।

ঐকু পিতা ঐকস কে হম বারিক তু মেরা গুর হাই।।

(অঙ্গ ৬১১)

এখন থেকে, কেবল পাঁচজন শিখ যারা 'রহতে' দৃঢ়, তারাই অমৃত পাঠ করবেন, যারা গুরুর প্রিয়, যাদের অন্তরে গুরুর জ্ঞান এবং গুরুর প্রতি ভালোবাসা রয়েছে। তারা পাঁচবার জপুজি, জপু, সাভাইয়া, চৌপাই এবং আনন্দ এই পাঁচটি বাণী পাঠ করবেন এবং তারপর সর্বলোহ পাত্রে রাখা জলের উপর তাদের দৃষ্টি নিক্ষেপ করবেন এবং বাণী পাঠ করার সময়, তারা জলে খন্ড ঘোরাবেন। তারপর শ্রী গুরু গ্রন্থ সাহেব জি-এর উপস্থিতিতে, গুরু জ্যোতি এবং জুগতীর কলা সম্পন্ন হবে এবং অমৃত প্রস্তুত হবে। ক্রমটি হল:

পুরা গুরু আখদআ জা কা মন্ত্র।।
অমৃত দৃসটি পেখৈ হোয়ি সন্ত।।

(পর্ব ২৮৭)

যেমন কাম, ক্রোধ, লোভ, আসক্তি এবং অহংকার চোখের মাধ্যমে প্রকাশিত হয়, তেমনি যদি ঈশ্বরের প্রতি ভালোবাসা থাকে, তাহলে ভক্তি ও হৃদয় থেকে পাঠ করা বাণী জলের উপর গভীর প্রভাব সৃষ্টি করে। সেই জল, বাণীর পরশ কালে খন্ড (যা শক্তির প্রতীক) ঘোরানোর মাধ্যমে, গুরুর

পদ্ধতি অনুসারে শক্তি প্রবেশের মাধ্যমে এবং ঐশ্বরিক সত্তা প্রবেশের মাধ্যমে, অমৃত হয়ে যাবে। এটি ইচ্ছে পূরণ করবে, মৃত্যুর ভয় থেকে মুক্ত একটি অমর জীবন প্রদান করবে এবং খালসার পাঠশালায় প্রবেশের পথ প্রস্তুত করবে। "পাঁচ কক্কর" রহতদের জন্য ততটাই গুরুত্বপূর্ণ, ঠিক যেমন স্কুলের পোশাক পরা।

গুরবাণী আরও নির্দেশ দেয় যে বাণী দিয়ে প্রস্তুত এই সুস্বাদু অমৃত-পূর্ণ খাবারের স্বাদ গ্রহণের মাধ্যমে, সমস্ত তৃষ্ণা নিবারণ হবে এবং সুখ লাভ করা যাবে:

অমৃতু নামু নিধানু হৈ মিলি পিভাহু ভাই।।

জিসু সিমরত সুখু পাইওই সভ তিখা বুঝাই।।

(পর্ব ৩১৮)

এই কারণে, শ্রী গুরু রামদাস সাহেব জি সদগুরুকে মাথা উৎসর্গ করার বিষয়ে সাক্ষ্য দিয়েছেন:

সতীগুর আগৈ সিসু ভেট দে জে সতিগুর সাচে ভাবৈ।।

আপে দয়িআ করহু প্রভু দাতে নানক অঙ্কি সমাভৈ।।

(পর্ব ১১১৩)

রহতনামাতে এমনও উল্লেখ পাওয়া যায় যে, গুরু সাহেব জি নির্দেশ দেন যে:

রহিত পিয়ারী মুঝ কো শিখ পিআরা নাহি।।

অনেক জায়গায় উল্লেখ আছে যে, প্রথমেই পাঁচজন প্রিয়জনের কাছ থেকে 'খণ্ডের পাহুল' গ্রহণ করতে হবে:

প্রথম রহিত যহ জান খন্ডে কী পাহুল ছকে।।

কেন 'খণ্ড'-এর 'পাহুল' পান করার আগে ছেঁকে নেওয়া উচিত, এই প্রশ্নের উত্তর গুরু গোবিন্দ সিং জি ব্যাখ্যা করেছেন। মনে রাখবেন যে প্রথম 'পৌড়ি' হল আমাদের প্রতিদিনের প্রার্থনা, যেখানে দশম সৎগুরু বলেছেন:

তেগ বহাদর সিমরিয়াই ঘরি না নিধি আভৈ ধায়ি।

সভ থাই হোয়ি সহায়ি।।১।।

দ্বিতীয় 'পাহুল' এভাবে শুরু হয়, যেখানে প্রভুর রহস্য বর্ণনা করা হয়েছে:

খন্ডা প্রিথমৈ সাজ কে জিন সভ সইসারু উপায়িআ।।
ব্রহ্মা বিষ্ণু মহেশ সাজি কুদরতি দা খেলু রচায়ি বনায়িআ।।

এই কারণেই, গুরু সাহেব জি বলেছেন যে জগৎ সৃষ্টির আগে, অকাল 'পুরখ' প্রভু জি দ্বি-ধারার খন্ড সৃষ্টি করেছিলেন। এই কারণেই খন্ডে অকাল পুরখের প্রভাব রয়েছে। খন্ডের অর্থ ভেঙে যাওয়া, খণ্ড খণ্ড হওয়া, যেমন ভক্ত শ্রী রবিদাস জি সোরঠী রাগে বলেছেন:

মীনু পকরি ফাঁকিআ অরু কাটিও রাঁধি কোআ বহু বাণী।।
খণ্ড খণ্ড করি ভোজনু কিনো তঊ না বিসরিও পানি।।

(অঙ্গ ৬৫৮)

যেমন মাছ জল ছাড়া থাকতে পারে না, তেমনি একজন শিখও টুকরো টুকরো হতে পারে, কিন্তু গুরু সাহেবের শিক্ষা ভুলতে পারে না। ইতিহাস শিখদের জীবন উৎসর্গের উদাহরণে পরিপূর্ণ, কিন্তু তাদের গুরু সাহেবের দেওয়া আন্তরিক আদর্শ ভুলে যাওয়া উচিত নয়। এই রূপান্তরকামী পারসাই, তার সহজাত ভক্তি সহ, একটি উগ্র গোষ্ঠীর কর্মের অনুরূপ হয়ে ওঠে। একটি সম্পূর্ণ একক হিসাবে মানব পরিচয়ের এই সামগ্রিক দৃষ্টিভঙ্গি সামাজিক, সাংস্কৃতিক এবং আধ্যাত্মিক ক্ষেত্রের প্রতিটি ধাপে প্রথম এবং উগ্র পদক্ষেপের প্রতিনিধিত্ব করে।

সংক্ষেপে, পঞ্চ কক্কর বোঝার জন্য, এটি বলা যেতে পারে যে প্রতিটি গুরুত্বপূর্ণ ঘটনা একটি নির্দিষ্ট সময় এবং স্থানে ঘটে, যা তাৎক্ষণিক এবং দূরবর্তী ভবিষ্যতের উপর সরাসরি প্রভাব ফেলে এবং রূপান্তরিত করে। এই পঞ্চ কক্কর কালজয়ী, এবং খালসা শতাব্দী পর শতাব্দী ধরে এই কক্কর ধরে রাখবে।

সৎগুরু জি শিখদের উপদেশ দিয়েছিলেন যে, কেবলমাত্র তিনিই প্রকৃত শিখ যিনি গুরুকে খুশি করে তা অনুসরণ করেন, অন্যথায় তিনি গুরু থেকে বিচ্ছিন্ন হবেন এবং বিভিন্ন ক্ষতির মুখে পড়তে হবে।

সো শিখু সখা বন্ধপু হ্যায় ভাই জি গুর কে ভানে ভিচি আভৈ।।

আপনৈ ভানৈ জো চলৈ ভাই বিছুরি চোটা খাভৈ।। (পর্ব ৬০১)

রেহতনামায় উল্লেখ আছে, গুরু সাহেব জি বলেছেন যে, যে শিখ রেহতওয়ান, তিনি আসলে আমার 'মালক' গুরু, আমি তাঁর শিষ্য।

রাহিনী রহৈ সোই শিখ মেরা।।

ওহ সাহিব, মৈ ওস দা চেরা।।

ভাই গুরদাস সিং জি তৃতীয় পৌরীতে গুরুমুখ, মনমুখ এবং গুরু শিষ্যের বর্ণনা দিয়ে আদেশ দিয়েছেন:

হুকমাই অংদরি বরতদি সভ স্রিসটি সবাই।।

ইকি আপে গুরুমুখী কিতিয়ানু জিনি হুকম মনাই।

ইকি আপে ভরম ভুলাইনু দুজই চিতু লাই।

ইকনা নো নামু বখসিআনু হোয়ি অপি সাহাই।

গুরুমুখী জনমু সকারথা মনমুখী দুহেলা।

বাহ, বাহ, গোবিন্দ সিং, আপে গুরু চেলা।।৩।।

ঠিক যেমন গুরু নানক সাহেব, প্রেমের খেলায়, ভাই লাহিনা জিকে সিংহাসন অর্পণ করেছিলেন, তাঁকে অভ্যর্থনা জানিয়েছিলেন এবং তারপর ঐতিহ্যকে উল্টে দিয়েছিলেন। ভাই গুরদাস জি বলেছেন:

উলটা খেল পিরঙম দা পৈরাং উপ্পর সিস নিভায়া।।

('ওয়ার' ১ পাউরি ২৩)

শ্রী গুরু গোবিন্দ সিং জি পাঁচজন প্রিয়জনের সামনে মাথা নত করেছিলেন। অনেক গুরমত পণ্ডিত বিশ্বাস করেন যে এর পরে যে দ্বিগুণ আর্দাস পাঠ করা হয়েছিল তা নিম্নরূপ: "গুরু খালসা মানিয়ে প্রগত গুরু কি দেহ।" তবে, এটি কীভাবে পরিবর্তিত বা রূপান্তরিত হয়েছিল তা অজানা, তবে গুরু সাহেব জি বলেছিলেন যে আত্মা গ্রন্থে (জ্যোতি) নিহিত এবং দেহ পান্থে (খালসা) নিহিত। পাঁচজন রাহতবান সিং শ্রী গুরু গ্রন্থ সাহেবের উপস্থিতিতে এই পদ্ধতিটি প্রকাশ করতে সক্ষম হবেন এবং আত্মার অমৃত বিতরণ করতে সক্ষম হবেন। এই সমন্বয়কে জ্যোতি বা

যুগতি বলা হয়। গুরু সাহেব জি পাঁচজনকে গুরুর শিক্ষার পদ্ধতিটি শিখিয়েছিলেন, ঠিক যেমন একজন শিক্ষক শিশুদের পড়ান, তারপর বললেন, "এখন তোমরা যে পাঠ মুখস্থ করেছ তা পাঠ করো, যাতে আমি জানতে পারি যে এই পাঁচজন অন্য শিখদের অমৃত খাওয়াতে সক্ষম হবে কিনা।" এই কারণেই প্রথম গুরু সাহেব নিজেই অমৃত গ্রহণ করেছিলেন। সদগুরু নিজেই অমৃতে পরিপূর্ণ এবং তিনিই অমৃত প্রদান করেন। কিন্তু আমাদের মতো লোকেরাও ভাবতে পারে যে গুরু জি নিজে কোথায় অমৃত ছিটিয়েছিলেন বা সেবন করেছিলেন। নৈবেদ্য প্রদানের সময়, সৎগুরু জি ঘোষণা করলেন, "আমি সমগ্র বংশকে নৈবেদ্য প্রদান করব।" এরপর তিনি খালসাকে তাঁর বিশেষ রূপ হিসেবে উল্লেখ করে বললেন, "আমি পাঁচ রাহতবান সিংহের মধ্যে বাস করি, এবং আমার যা কিছু আছে তা তাদেরই কারণে।" সেই আদেশটি হল:

শিখ পঞ্চহু মে মেরো বাসা।।
পূরণ করং ধরহং জিহ আসা।।
মো গ্রহি ম্যা মন তে তন তে সির লডু ধন হ্যা সভহি ইনহি কো।।

২০০১ সালের ১১ সেপ্টেম্বর মার্কিন যুক্তরাষ্ট্রে ঘটে যাওয়া ঘটনার পর, কিছু দুষ্টু এবং অজ্ঞ ব্যক্তি শিখদের ভুল করে মুসলিম ভেবে তাদের ক্ষতি করে। এই ঘটনার পর, মার্কিন সরকার সংবাদপত্র, সরকারি অফিস এবং থানায় একটি ক্যালেন্ডারের মতো পোস্টার প্রকাশ করে, যা শিখদের স্বতন্ত্র পরিচয় তুলে ধরে। এতে পাগড়ি পরা শিশুদের, খোলা দাড়িওয়ালা পাগড়ি পরা শিখদের এবং পাগড়ি পরা মহিলাদের ছবি ছিল। ক্যালেন্ডারে ক্লিন-শেভড বা ছাঁটা দাড়িওয়ালা কাউকে শিখ হিসেবে দেখানো হয়নি। স্পষ্টতই, শুধুমাত্র পাগড়ি-দাড়িওয়ালা ব্যক্তিদের শিখ সম্প্রদায়ের অংশ হিসেবে বিবেচনা করা হয় এবং ছাঁটা দাড়িওয়ালাদের মার্কিন সরকার শিখ হিসেবে বিবেচনা করে না।

এটা অত্যন্ত আশ্চর্যজনক এবং অজ্ঞতার বিষয় যে, কেবল পতিতরাই নয়, বর্তমান সময়ের জনসাধারণও এই সত্যটি ভুলে গিয়েছে যে কেবল একজন অমৃতধারী দীক্ষিত শিখই শিখ। কেবল শিখ পরিবারে জন্মগ্রহণ করলেই কেউ শিখ হয়ে ওঠে না। সকল ধর্মেরই কিছু নিয়ম বা বিধি রয়েছে। কার্যত এই প্রক্রিয়ার মধ্য দিয়ে না গিয়ে, কাউকে সেই ধর্মের শিষ্য বা শিখ

বা সেবক বলা যায় না। আমাদের প্রধান প্রতিষ্ঠানগুলিরও এই বিষয়টি নিয়ে আত্ম-সমালোচনা করা উচিত এবং সকলকে এই বিষয়ে সচেতন করা উচিত।

এখানে একটি প্রশ্ন সেই বিপুল সংখ্যক লোকের ক্ষেত্রেও প্রযোজ্য যারা শ্রী গুরু গ্রন্থ সাহেব জি-র 'হাজুরী'-তে উপস্থিত হন কিন্তু অমৃত গ্রহণ করেননি বা গ্রহণ করেননা। তারা কী শিখ হিসেবে যাচ্ছেন নাকি কেবল ভক্ত হিসেবে যাচ্ছেন?

অনেকে বলে যে 'রহত' বজায় রাখা কঠিন এবং এর জন্য বন্ধনে আবদ্ধ থাকা প্রয়োজন। তবে, এটি এমন এক ধরণের 'রহত' যা একজনকে পাপ থেকে মুক্তি দেয়। তবে, একজনকে নিজের কর্ম এবং আচরণের জন্য দায়ী থাকতে হবে। পাঁচটি পাপের বন্ধন থেকে মুক্তি পাওয়া যায় এবং একজন 'রহত' পালনকারী শিখ ঈশ্বরের দৃষ্টি এবং করুণার প্রার্থী হয়ে ওঠে। আদেশটি হল:

বন্দে সে জি পভহি ভিচি বন্দি ভেখন কাড়ু দিদার।

(পর্ব ৪৬৫)

জীবন প্রক্রিয়া দুই প্রকার, শারীরিক এবং মানসিক। শারীরিক প্রক্রিয়া হল শরীর এবং পঞ্চ কক্কর ধারণ করা এবং মানসিক প্রক্রিয়া হল বাণী পাঠ এবং নিতনেম করা। মূল মন্ত্র এবং গুরু মন্ত্র জপ করা এবং অন্যান্য বাণী পাঠ করা। একইভাবে, ব্যক্তিগত, নিজস্ব এবং সম্প্রদায় সম্পর্কিত দুটি ধরণের প্রক্রিয়া রয়েছে। শ্রীগুরু নানক সাহেব জি প্রভাতী রাগে প্রকৃত স্বস্তি সম্পর্কে বলেছেন যে শব্দের সাথে সংযোগ স্থাপন করে এবং অহংকার দূর করে, জীবনে মুক্তির মতো স্বস্তি অর্জন করা যায়। ক্রমটি হল:

সেবা সুরতি সবদি বিচারি।। জপু তপু সঞ্জমু হউম্যা মারি।।
জীবন মুকতু যা সবদু সুনাঐ।। সচি রহত সচা সুখু পাঐ।।

(পর্ব ১৩৪২)

ভক্ত শ্রী কবীর জি বলেন যে আমি ঈশ্বরের কাছ থেকে এমন প্রাকৃতিক করুণা গ্রহণ করেছি। ফরমান হল:

অপু তেজু বায়ি পৃথিমী আকাসা।।
ঐসি রহত রহ/ হরি পাসা।।

(পর্ব ৩২৭)

ভক্ত কবীর জি বলেন যে, ভগবানের চরণে আশ্রয় নিয়ে আমি পাঁচ তত্বের গুণাবলী গ্রহণ করেছি। এই পাঁচটি তত্বকে এইভাবে বোঝা যায়। জল, নির্বাণের দিকে এগিয়ে যাওয়া নিয়ে যায়, নম্রতার অনুভূতি গ্রহণ করায়। যেমন জল ছাড়া বেঁচে থাকা অসম্ভব, তেমনি শিখদের জীবনেও বাণীই সব এবং বাণী ছাড়া শিখের জীবন অসম্ভব হয়ে ওঠা উচিত। শ্রী গুরু রামদাস সাহেব জি বলেন:

জিজু প্রাণি জল বিনু হ্যায় মরতা তিজু শিখু গুর বিনু মারি জাই।
(পর্ব ৭৫৭)

গুরবাণীতে একটি কথা আছে যে জল তার জীবনকে এভাবেই ধরে রাখে:

রে মন ঐসি হরি সি / প্রীতি করি জইসি জল দুধ হোয়ি।।
আবতনু আপে খভৈ দুধ খায় কউ খপনি না দেই।।

(পর্ব ৬০)

সৎগুরু জি বলেছেন যে জলে স্নান করে, ঈশ্বরকে স্মরণ করলে আপনার মন এবং শরীর সক্রিয় এবং সুস্থ হয়ে উঠবে।

করি ইসনানু সিমরি প্রভু অপনা মন তন ভএ অরোগা।
কোটি বিঘন লাথে প্রভ সরনা প্রগতে ভলে সঞ্জোগা।।

(অঙ্গ ৬১১)

প্রাকৃতিক শক্তির মধ্যে 'কচ্ছেরা' জলের মৌলিক উপাদান যুক্ত। আগুনের কাজ হল দহন করা এবং তাপ প্রদান করা, যা এর সহজাত গুণ। একইভাবে, জীবনের প্রাকৃতিক প্রবাহের প্রভাবে, পাঁচটি পাপ, দান, দয়া এবং নিপীড়িতদের উপর অত্যাচার ও অত্যধিক শোষণের বিরুদ্ধে লড়াইয়ের প্রতি উৎসাহ ও নিষ্ঠার মাধ্যমে আগুন এবং শিখের প্রকৃতির নিম্নলিখিত আদেশগুলি প্রকাশ করে:

ব্রহ্ম জ্ঞানী কা ইহ্যা গুণঊ।

নানক জিজু পাবক কা সহজ সুভাঊ।।

(ধারা ২৭২)

'কিরপান' আগুনের মৌলিক উপাদানের সাথে সম্পর্কিত, যা প্রাকৃতিক শক্তির একটি অংশ। সৎগুরু জি তাঁর বাণীতে বলেছেন যে আগুনও ঈশ্বরের ভয়ে (আজ্ঞায়) কাজ করে:

ভৈ বিচি অগ্নি কল্যা ভেগারি।।

(অঙ্গ ৪৬৪)

"তুমিও একইভাবে আগুনের মতো আচরণ করো, ভগবানকে ভয় করো।" কখনও কখনও, এই শুভ পথে চলার সময়, জাগতিক প্রশংসাও অহংকারের দিকে পরিচালিত করতে পারে। সদগুরু জী উচ্চারণ করেন, "এগুলি সম্পর্কে সচেতন থাকো এবং এগুলি পুড়িয়ে ফেলো।" আদেশটি হল:

নানক দুনিয়া কি ভডিআইআং আগি সেতি জালি।।

ঐনি জলিইং নামু ভিসারিয়া ইক ন চলিআ নালী।।

(পর্ব ১২৯০)

বাতাস অর্থাৎ হাওয়া সম্পর্কে বলতে হয়, আমরা অক্সিজেন গ্রহণ করে বেঁচে থাকি। যদি আমরা শ্বাস না নিই, তাহলে আমরা ধ্বংস হয়ে যাব। তবে, এই বাতাসও প্রভুর আদেশ অনুসরণ করে এবং আগুন ও জলের মতো তাঁর প্রশংসা গায়। কেবল শ্বাস-প্রশ্বাসের মাধ্যমেই আমরা কথা বলি এবং তার প্রশংসা স্তুতি পথ করি। আমরা আবার শ্বাস নেব কিনা কে জানে। প্রভুর আদেশ অনুসরণ করেই কেবল তাঁর প্রশংসা গাও। 'কড়া' প্রাকৃতিক শক্তির মৌলিক উপাদান, বায়ুর সাথে সম্পর্কিত, অথবা আমরা বলতে পারি যে এটি নিজেই বায়ুর একটি অংশ। আদেশটি হল:

গাওনি তুধনো পউনু পানি বৈসন্ত গবই রাজা ধরম দুয়ারে।

(পর্ব ৩৪৭)

ভৈ ভিচি পভনু ভহৈ সদভাঊ।।

ভাই ভিচি চলহি লখ দরিয়াঊ।।

(পর্ব ৪৬৪)

হরি জপদিয়া খিনু ঢিল না কিজই মেরি জিংদুরিঐ
মতু কি জপাই সাহু আভৈ কি না আভৈ রাম।।

(অঙ্গ ৫৪০)

একইভাবে, পৃথিবী ঈশ্বরের ভয়ে আশীর্বাদপ্রাপ্ত এবং কেবল তাঁর আদেশেই শস্য উৎপাদন করে। কেউ এটি খনন করুক বা চন্দনের প্রলেপ লাগাক, এর ধৈর্য অপরিসীম।"হে শিখ! তুমিও, পৃথিবীর মতো, ঈশ্বরের ভয়ে ধৈর্য ধরে চল।" চিরুনি পৃথিবীর মৌলিক উপাদানের সাথে সম্পর্কিত বরং বলা যায় এটি পৃথিবীরই অংশ। আদেশ হল:

ব্রহ্মা জ্ঞানী কৈ ধীরজু ঐক।।
জিউ বসুধা কোঊ খোদ্যা কোঊ চন্দন লেপ।।

(পর্ব ২৭২)

ভৈ ভিচি ধরতি দবি ভারী।।

(পর্ব ৪৬৪)

ভৈ-করি ধরণী আন উপাবতী।
ভৈ-করি মাগওয়া মীহ বারসাবত।।
ভৈ-করি গগন থম্ভ রহবতী।
ভৈ-করি মের বসুধা ঠহরাবতি।

(সরব লোহ গ্রন্থ)

আকাশ ভগবানের আদেশে গড়ে ওঠা একটি স্তম্ভহীন অস্তিত্বের আশীর্বাদপ্রাপ্ত। একইভাবে, দিগন্তের শূন্যতার মধ্যেও, এর তরঙ্গ আমাদের উপর গভীর প্রভাব ফেলে। এই প্রভাবে আমাদের চিন্তাভাবনা, ধারণা এবং আবেগ প্রায়শই পরিবর্তিত হয়। যেখানে গুরুস্থানে কীর্তন, কথা এবং সৎসঙ্গ প্রবাহিত হয়, সেখানে পরিবেশ শুদ্ধ হয় এবং মানুষের চিন্তাভাবনা ইতিবাচক থাকে। গুরুস্থান এবং গুরমত অনুষ্ঠানেও পাঁচ 'ক' প্রচারিত হয়। এই পাঁচ 'ক' নিম্নরূপ:

ক-কীর্তন

ক-কথা

ক -কবি দরবার

ক- 'কড়ছা' অনুভূতি নোঙ্গর

ক- কড়াহ প্রশাদি

অর্থাৎ, এমন একটি স্থান যেখানে শরীর সর্বতোভাবে তৃপ্তি লাভ করে। একইভাবে, কবি দরবার, কথা এবং কীর্তন পাঠ থেকে সকলেই মানসিক তৃপ্তি লাভ করে। অন্যান্য সৎসঙ্গী পর্যবেক্ষণ করলেও নাম-সিমরান (ধর্মীয় ভক্তি) এর আকাঙ্ক্ষা জাগ্রত হতে পারে। তবে, বিপরীতে, ব্যভিচার, মদ, জুয়া এবং ব্যভিচারের আস্তানার পরিবেশ দুষ্টুমি, প্রতারণা, ব্যভিচার, দুঃখ, যন্ত্রণা এবং হতাশার সবচেয়ে অপবিত্র তরঙ্গে পরিপূর্ণ, যা একজন ব্যক্তিকে মানসিক অবক্ষয়ের দিকে নিয়ে যায়। এই কারণেই গুরু সাহেব জি অগুনতি সৎসঙ্গ, গুরুদ্বারা পরিদর্শন এবং সেবা (সেবা) করার জন্য উৎসাহিত করেছেন যাতে একজন শিখের জীবন উন্নত এবং পবিত্র হয়ে ওঠে।

একজন ব্যক্তির চেতনা স্বাভাবিকভাবেই নিম্নগামী হতে থাকে, এমনকি কোনও বিশেষ প্রেরণার প্রয়োজন ছাড়াই। তবে, চেতনাকে উচ্চতর অবস্থার দিকে উন্নীত করার জন্য, ভজন, সিমরন, সেবা, অনুশীলন এবং সৎসঙ্গ অপরিহার্য। আদেশ হল:

গুরুমুখী অন্তরি সহজু হ্যায় মনু চরিয়া দসভৈ আকাসি।।
তিথৈ উংঘ ন ভূখ হ্যায় হরি অমৃত নামু সুখ বাস।।
নানক, দুঃখ সুখ বিআপত নহি জিথৈ আতম রাম প্রগাসু।

(পর্ব ১৪১৪)

গুরু নানক দেব সাহেব বলেন যে, 'অকাল পুরখের' আরতির জন্য আকাশ একটি থালা, আর সূর্য ও চন্দ্র প্রদীপ, আর নক্ষত্রপুঞ্জ মুক্ত সমান। ধূপ, শিখা স্পর্শ করে সুগন্ধ আনে, আর বাতাস বাতাসকে উস্কে দেয়। "হে প্রভু! এ তোমার অপূর্ব আরতি।" সাধকরা বলেন যে, "অনহদ" শব্দের একতা বাজছে, এবং যারা গুরুর কৃপা লাভ করে সৌভাগ্যবান, তারা এই অসীম আকাশ থেকে তা শোনে এবং মাতাল হয়ে ওঠে।

গুরবাণী থেকে প্রচুর প্রমাণ পাওয়া যায় যে, অসংখ্য স্বর্গ এবং ব্রহ্মাণ্ড রয়েছে, যা সকলই 'অকাল পুরকের' আদেশ ও আইন অনুসারে কাজ করে। ভক্তদের সঙ্গ, গুরুর উপস্থিতি এবং গুরুর কৃপা দ্বারা এটি বোঝা যায়। ভাই গুরদাস জিও একইভাবে এটি বর্ণনা করেছেন:

"অম্বার নদরি আভদা কেভড ভডডা কোই না জানৈ।।
উচ্চা কেভড আখিওই সুন সরূপ ন আখ ভখানৈ।।
লনৈ ঊডারি পংখনু অনল মনল উড্‌ডু খবর না আনৈ।।
ওড়ক মূল ন লম্ভই সম্বে হোয়ি ফিরন হেরনাই।।
লক্ষ আগাস ন অপড়ন কুদরতি কাদর নোং কুরবানই।।
পারব্রহ্ম সতীগুর পুরখ সাধ সংগত ভাসা নিরবানৈ।।
মুরদা হোয়ি মুরিদ সিঝানৈ।।

একজন পণ্ডিতের মতে, একজন ব্যক্তির প্রতিদিন একবার আকাশের দিকে তাকানো উচিত তার মূল্য বোঝার জন্য। কখনও কখনও, যখন কোনও ক্রীড়াবিদ বিশেষ কিছু অর্জন করেন, তখন তারা কৃতজ্ঞতা এবং উপলব্ধি নিয়ে আকাশের দিকে তাকান, যেন ঈশ্বরের প্রতি কৃতজ্ঞতা প্রকাশ করেন। সৎগুরু জি সর্বদা আমাদের তরফ থেকে কৃতজ্ঞতার এই অনুভূতি বজায় রাখুন।

প্রাকৃতিক শক্তির মধ্যে চুল আকাশের সাথে সংযুক্ত। এই আকাশ মৌলিক উপাদানের একটি অংশ। সেই পরম সত্তার সাথে সংযোগ স্থাপনের জন্য এটি একটি বায়বীয় বা অ্যান্টেনার মতো।

অতএব, সেই পরম সত্তার ইচ্ছেয় গড়ে ওঠা আকাশ দ্বারা প্রকাশিত একটি তত্ব বলে মনে হয়। গুরশিখদেরও এই পাঁচটি তত্ব থেকে নির্দেশনা নেওয়া উচিত। শ্রী গুরু রামদাস জি বলেছেন:

ধরতি পাতালু আকাসু হ্যায় মেরি জিন্দুদিয়াই সব হরি হরি নামু ধিয়াওয়াই রাম।।

পাউন পানি বৈসন্তরো মেরি জিন্দুরিয়াই নিত হরি হরি হরি জসু গাভৈ রাম।

(অনুচ্ছেদ ৫৪০)

যদি এই গুরুত্বপূর্ণ উপাদানগুলিও ভগবানের নাম ধ্যান করে, তাহলে হে শিখ, তোমাদেরও প্রতিদিন ভগবান হরির প্রশংসা গাওয়া উচিত। এই কারণেই গুরুভক্তরা আমাদের প্রার্থনায় তাদের স্বস্তি দেওয়ার জন্য গুরু সাহেবের কাছে একটি অনুরোধ অন্তর্ভুক্ত করেছেন।

কেশ

পাঁচটি 'ক'-এর মধ্যে 'কেশ' (চুল) প্রথমে আসে কারণ অন্য 'ক'গুলি বাহ্যিকভাবে অর্জিত হয়, কিন্তু 'কেশ' (চুল) শরীরের একটি অংশ। জন্মের আগেই গর্ভে চুল বিকশিত হয়। এটিও ঈশ্বরের দান এবং শরীরের একটি অংশ। 'শ্রী সরব লোহ' গ্রন্থ (শ্রী সরব লোহ) গর্ভে প্রতি মাসে শিশুর যাত্রা বর্ণনা করে, শরীরের অঙ্গগুলি কীভাবে বিকশিত হয় তা বিশদভাবে বর্ণনা করে। দ্বিতীয় মাসে ত্বক তৈরি হতে শুরু করে এবং তৃতীয় মাসে চর্বি তৈরি হয়। চতুর্থ মাসে চুল এবং অঙ্গ-প্রত্যঙ্গ তৈরি হয়। পঞ্চম মাসে চোখ, কান এবং পা তৈরি হয়। ষষ্ঠ মাসে গলা, পেট, মাংস এবং দাঁত তৈরি হয়, যা পরে দেখা যায়। সপ্তম মাসে নখ, চুল এবং সূক্ষ্ম লোম দেখা যায়। এটি কয়েকটি মাসের বর্ণনা নয়, বরং একটি শিশু জন্ম থেকেই তাদের সাথে বহন করে এমন চুল, যা শরীরের একটি বিশেষ মূল্যবান অংশ। এখানে 'শ্রী সরব লোহ' গ্রন্থের কিছু পংক্তি দেওয়া হল:

দুতিয়া মাস তবচা প্রাগটানি। তিজই মাস মিজা-লপটানি।
অসতাসথম্ভ তা ওসুরু ভয়া। চতুরথ কচ অঙ্গু নিরময়া।
পঞ্চম মাস নেত্র স্রোত অরু পাদ।। খসভম মাস কণ্ঠ অরু দাঁত।।
উদর ভয়া জব খসভম মাস।। সপত মাস নখ, লোম, জিআ সাস।।

আমাদের চুল নিয়মিতভাবে বৃদ্ধি পেতে থাকে। সারা বিশ্বের শিশুরা চুল নিয়ে জন্মায়, কারণ এটি ঈশ্বরের আশীর্বাদ। এটা বললে অত্যুক্তি হবে না যে সমস্ত শিশুই স্বাভাবিকভাবেই শিখ হিসেবে জন্মগ্রহণ করে। পরবর্তীতে, অনেক ধর্ম তাদের নিজ নিজ বিশ্বাস এবং ধর্ম দ্বারা পরিচালিত হয়ে চুল কামানোর প্রথা চালু করেছে।

ধন্য শ্রী গুরু গোবিন্দ সিং জি মহারাজ, যিনি বিশেষ করে চুল না কাটার নির্দেশ দিয়েছেন, বলেছেন যে চুল হল গুরুর মোহর এবং চুল ছাড়া

কাউকে শিখ বলা যায় না কারণ এটি প্রাকৃতিক এবং শরীরের একটি অংশ। খালসা গঠনের মাধ্যমে, গুরু সাহেব জি শিখদের 'অকাল পরখের' রূপ দান করেছেন। এই বাস্তবতাটিও বোঝা প্রয়োজন যে 'অকাল পরখের' সম্পূর্ণ আলো কেবল তার পূর্ণ আকারেই প্রকাশ পেতে পারে। আমরা শিখরা শ্রী দশমেশ জি-এর আদেশ পালন করার জন্য চুল রেখেছি। এটি আমাদের জন্য বিবাহিত জীবনের প্রতীকের মতো। গুরবাণীতে বলা হয়েছে যে 'অকাল পরখ' চুলের সাথে আছেন, তাঁর লম্বা চুল রয়েছে। আদেশটি হল:

তেরে বাঁকে লোয়িন দন্ত রিসালা।।
সোহনে নক জিন লংমড়ে ওয়ালা।।

(ধারা ৫৬৭)

কবীর কেসো কেসো কুকিওই ন সোইওই অসার।।
রাতি দিবস কে কুকনে কবহুঁ কে সুনৈ পুকার।। ২২৩।।

(পর্ব ৫৬৭)

কেশবা বচঙউনি আইঐ মইঐ এক আন জিউ।।

(অঙ্গ ৬৯৩)

নামা কহ্যা ভগতি বসি কেসভ অজহুঁ বলি কে দুয়ার খারো।।

(অঙ্গ ১১০৫)

শ্রী গুরু গ্রন্থ সাহেব জিতে লিপিবদ্ধ আছে যে ভগবান জি ভক্ত নামদেব জির সামনে হাজির হয়ে দুধ পান করেছিলেন:

দুধু পিআই ভগতু ঘরি গয়িআ।।
নামে হরি কা দর্শনু ভয়িআ।।

(ধারা ১১৬৩)

ভক্ত নামদেব জি বলেছেন যে আমার বাবা প্রভু জি লম্বা চুল এবং কালো বর্ণের প্রিয়জন:

মেরো বাপু, মাধৌ, তু ধনু কেশৌ সাওঁলায়ি।।

(অঙ্গ ৯৮৮)

আজু কলন্দর কেশওয়া।। করি অবদালি ভেসওয়া।।

(অঙ্গ ১১৬৭)

শ্রী গুরু অর্জন দেব সাহেব জি বলেছেন যে হে কেশধারী! প্রভু, আপনার কৌতুক বিস্ময়জনক ও আশ্চর্যজনক, যা শুধু আপনাকেই মানায়, তার প্রকাশ ঘটে। আদেশটি হল:

কেশব চলত করহি নিরালে কিতা লোরাহি সো হোইগা।।

(অঙ্গ ১০৮২)

গুরু বিলাস পাটশাহী ১০-এ ভাই সুখ সিং-এর রহতনামার বাণী রয়েছে, যা দশম সতীগুরু জির আদেশ:

ইহাই মোর আগায়া সুনো লাই পিয়ারে। বিন তেগ কেসান দিও না দিদারো।

ইহাই মর বাইনা মংনৈগা সু জোই। তিসৈ ইচ্ছ পুরং সভৈ জান সোই।

ফার্সি ভাষায় লেখা এই দুটি লাইন অনেকেই ভাই নন্দ লাল জি লিখেছিলেন বলে বিশ্বাস করেন:

নিশানি শিখি ই পাঞ্জ হারফি কাফ। হারগিজ না বাশদ ই পঞ্চ মুআফ।

কড়া করদো কচ্ছ কংহা বিদান। বিলা কেশ হেচ অসত জুমলা নিশান।

যদি একজন অমৃতধারীর এই কক্করগুলির কোনওটিই না থাকে, তাহলে তাকে 'তঙ্কাহিয়া' বলা হয়, কিন্তু কেশ ছাড়া একজন শিখ অধঃপতিত হন।

উপরোক্ত বিবৃতিগুলিও স্পষ্টভাবে দেখায় যে চুল বিশেষ এবং মহান। এটি ছাড়া, অন্যান্য কক্কর গ্রহণযোগ্য নয়। কেশ ছাড়া, অন্য চারটি কক্কর অশুভ, উদাহরণস্বরূপ: বর ছাড়া বিবাহের শোভাযাত্রা অশুভ। চুল হল মূল। এই কারণেই গুরু সাহেব জি কেশকে গুরুর সীলমোহর বলেছেন। সীলমোহর হল একটি বিশেষ চিহ্ন যার মাধ্যমে দেশ এবং সম্প্রদায়ের আইন প্রয়োগ করা হয়। প্রতিটি সরকারী পদের নিজস্ব সীলমোহর থাকে।

উদাহরণস্বরূপ, অনেক দেশে ভ্রমণের জন্য ভিসার প্রয়োজন হয় এবং ফলস্বরূপ, সেই দেশটি তার অনুমোদনের সীলমোহর লাগায়। একইভাবে, অন্য দেশে স্থায়ীভাবে বসবাসের জন্য, অনুমতি দেওয়ার জন্য একটি সীলমোহর লাগানো হয়। শ্রী গুরু গোবিন্দ সিং জি কেশের মাহাত্ম্য এবং প্রাকৃতিকভাবে অর্জিত চুলের মর্যাদাকে তার সীলমোহর হিসাবে জোর দেন। এটি খুব গুরুত্ব সহকারে বোঝা দরকার। আমি একবার একজন সাধুর কাছ থেকে শুনেছিলাম, একজন মহাপুরুষ, যদি একজন শিখ ভুল করে, তাহলে শ্রী গুরু গোবিন্দ সিং জি একজন শিখকেও তার চুল দেখে নরকে যাওয়া থেকে আটকাতে পারেন, তাকে উদ্ধার করতে পারেন এবং তারপর তাকে ক্ষমা করতে পারেন। তিনি তাকে সংশোধনের আরেকটি সুযোগ দেন, তাকে একটি সুযোগ প্রদান করেন।

যদি আমরা ভালো করে লক্ষ্য করি, তাহলে বুঝব চুল মানুষ নিজের ইচ্ছেতে গজাতে পারে না। এটি ঈশ্বরের একটি পবিত্র এবং অমূল্য উপহার। ভাবুন তো, মানুষ যদি নিজেরাই চুল গজাতে পারত, তাহলে পৃথিবীর টাক পড়া মানুষদের কি কষ্ট সহ্য করতে হত? বর্তমানে, বিশ্বের বেশিরভাগ জায়গায় কৃত্রিম চুল বা উইগ পাওয়া যায়, যা চুল পাতলা বা টাক পড়ে যাওয়ার সমস্যায় ভুগছেন এমন পুরুষ এবং মহিলাদের সুন্দর দেখানোর জন্য প্রস্তুত করা হয়েছে। কখনও কখনও, মাথার চুল গজানোর জন্য, মাথার ত্বকে ছিদ্র করে চুল পুনঃগঠন করা হয়। অনেক দাতব্য সংস্থাও মহিলাদের লম্বা চুল দান করার জন্য উৎসাহিত করে।

টাক পড়া এবং চুলের বৃদ্ধির জন্য বার্ষিক প্রায় ৮.৫ বিলিয়ন ডলার ব্যয় করা হয়। তবে, টাক পড়া এবং চুল পড়া রোধ বা বৃদ্ধির জন্য এখনও কোনও কার্যকর চিকিৎসা পাওয়া যায়নি কারণ আমরা চুলের Follicle নিয়ে জন্মগ্রহণ করি। বিজ্ঞান অন্য কোনও উপায়ে এগুলি তৈরি করতে পারে না; এটি একটি প্রাকৃতিক উপহার, ঈশ্বরের উপহার।

ভাই গুরুদাস জি ৩৭তম বারের চতুর্দশ শ্লোকে বলেছেন, "যিনি আমাদের চুল, দাঁত, চোখ ইত্যাদি অমূল্য উপহার দিয়েছেন, সেই প্রভুর যত্ন নাও।" এখানে, শরীরের অন্যান্য অংশের মতো চুলকেও ওয়াহেগুরুর আশীর্বাদ হিসেবে বর্ণনা করা হয়েছে। ঠিক যেমন একজন ব্যক্তি শরীরের অন্যান্য অংশ হারানোর পরে প্রতিবন্ধী হয়ে পড়ে, তেমনি প্রভু চান যে মানুষের চুল থাকুক, যা অকাল পরমেরই রূপ।

বাল দন্ত মুহ রোম রোম সাস গিরাসি সমালি সলিসই।।

ঈশ্বরের কৃপায়, শরীরের প্রায় সকল অংশেই স্বাভাবিকভাবেই চুল গজায় এবং তা বিকশিত হয়, কিন্তু পায়ের তলায়, হাতের তালুতে, ঠোঁটে এবং নাভিতে নয়। অতএব, ঈশ্বর নিজে যেখানে প্রয়োজন বলে মনে করেননি সেখানে চুল গজায়নি, অন্যথায়, হাত-পা দিয়ে কাজ করা এবং ঠোঁট দিয়ে কথা বলা অত্যন্ত কঠিন হত। ঈশ্বর আমাদের নাকে যতটুকু প্রয়োজন ততটুকুই চুল দিয়েছেন। আমাদের চুল নাকের গোড়ায় অবস্থিত একটি মূল থেকে গজাতে শুরু করে। এই মূল প্রোটিন কোষ দিয়ে তৈরি। প্রোটিন জীবের খাদ্যের একটি অপরিহার্য অংশ। রক্তনালীগুলি মাথার ত্বকে রক্ত সরবরাহ করে, যা মূলে রক্ত সরবরাহ করে, যা ফলস্বরূপ অন্যান্য কোষের গঠনকে উদ্দীপিত করে এবং চুলের বৃদ্ধিকে উৎসাহিত করে। চুল গজায় ত্বকে। এটি বৃদ্ধির সাথে সাথে মাথার চামড়া, ত্বক এবং জয়েন্টগুলির মধ্য দিয়ে যায়, যার মধ্যে তৈলাক্ত গ্রন্থিও রয়েছে, যা এটিকে নরম এবং চকচকে রাখে। কখনও কখনও, এই তেলের কারণে চুল তৈলাক্ত হয়ে যায়, যেন তেলে লাগানো হয়েছে। এই কারণেই চুল ধোয়া এবং এর যত্ন করা অপরিহার্য।

একজন সাধারণ মানুষের মাথায় এক থেকে দেড় মিলিয়ন চুলের গোড়া থাকে এবং গর্ভে পঞ্চম মাস থেকেই ধীরে ধীরে এগুলো গজাতে শুরু করে। সাধারণত, প্রতিদিন প্রায় ৫০-১৫০টি চুল পড়ে। চুল প্রায় ২০ বার পুনরুত্পাদন হয়। আমাদের চুল বৃদ্ধি পায় এবং একটি চুলের আয়ুষ্কাল প্রায় পাঁচ বছর। আমাদের ৯০% চুল যেকোনও সময়ে বৃদ্ধি পায়, এবং ১০% শ্বাস নেওয়ার মতো। আমাদের চুল খুবই স্থিতিস্থাপক এবং শক্তিশালী। স্নান করার সময় বা ভিজে যাওয়ার সময়, এটি প্রসারিত হয়, ফুলে যায় এবং ৩০% বৃদ্ধি পায়, ইলাস্টিকের মতো।

অস্থি মজ্জা টিস্যুর পরে, চুল আমাদের শরীরের সবচেয়ে দ্রুত বর্ধনশীল মাইক্রোস্কোপিক ফাইবার। চুল বেশিরভাগই কেরাটিন প্রোটিন দিয়ে তৈরি, যা আমাদের ত্বক এবং নখের বাইরের স্তরেও পাওয়া যায়। আমাদের চুল প্রতিদিন প্রায় পাঁচ মিলিমিটার বা বছরে প্রায় ছয় ইঞ্চি বৃদ্ধি পায়। একটি চুল প্রায় ১০ গ্রাম ওজন সহ্য করতে পারে এবং এটি বিশ্বাস করা হয় যে একটি চুল একই আকার এবং ব্যাসের তামার তারের চেয়েও শক্তিশালী। ঠান্ডা এবং ভয়ে, প্রতিটি চুলের রেখা সঙ্কুচিত হয় এবং

আমাদের শরীরের লোম দাঁড়িয়ে যায়, এই লক্ষণ প্রমান করে যে আমাদের চুল জীবিত এবং সক্রিয়।

আমাদের চুলের বাইরের স্তরকে ডার্মিস বলা হয় এবং এটি চুলের ভেতরের স্তরকে একে অপরের থেকে পৃষ্ঠের ভাঁজের মতো রক্ষা করে।

আমাদের শরীরে প্রায় ৫০ লক্ষ লোমকূপ থাকে যা গর্ভাশয়েই তৈরি হয়। পুরুষদের চুল মহিলাদের তুলনায় দ্রুত বৃদ্ধি পায়। বৃদ্ধ বয়সে, অনেক লোমকূপ চুল উৎপাদন বন্ধ করে দেয় এবং টাক দেখা দিতে শুরু করে। এটি বংশগতও। এর আরও অনেক কারণ থাকতে পারে যেমন: খাদ্যাভ্যাস বা ভোজন এবং অন্য কোনও রোগের কারণে, চাপ কমানো ইত্যাদি, এটি অনেক লোককে কম-বেশি প্রভাবিত করতে পারে।

পুরুষরা দাড়ি রাখে, কিন্তু মহিলাদের থাকে না। এর একটি নির্দিষ্ট কারণ হল আমাদের চোয়ালের হরমোন (যা শরীরের তরলে দ্রবীভূত হয় এবং শরীরের অঙ্গগুলিকে সক্রিয় করে), DHT, ডাইহাইড্রোটেস্টোস্টেরন দ্বারা উদ্দীপিত হয়। এই হরমোনটি টেস্টোস্টেরন থেকে উৎপন্ন হয়, যা মহিলাদের তুলনায় পুরুষদের মধ্যে প্রায় আট গুণ বেশি। এটি বয়ঃসন্ধিকালে পুরুষদের চোয়ালের বৃদ্ধিকে উল্লেখযোগ্যভাবে প্রভাবিত করে এবং যৌন আকাঙ্ক্ষাকেও প্রভাবিত করে। যদিও এটি বৃদ্ধি পুরুষ এবং মহিলাদের ক্ষেত্রে প্রায় একই রকম, কিছু পুরুষের ঘন দাড়ি থাকে, আবার অন্যদের কম থাকে, এটি সম্ভবত বংশগতির কারণে হয়। কিছু মহিলার দাড়িও তৈরি হয়, যা উপরে উল্লিখিত হরমোনগুলির কারণেও হয়।

একইভাবে, বলা হয় যে ঘন দাড়িযুক্ত পুরুষদের চুল আগে পড়ে যায় এবং টাক পড়ার প্রবণতা থাকে। যাদের দাড়ি পাতলা তাদের চুল দীর্ঘস্থায়ী হয়। এই কারণে, মহিলাদের চুল বেশিরভাগ সময় অক্ষত থাকে।

শরীরের বাকি অংশে চুল মাথার মতো দ্রুত গজায় না তার কারণ হল মাথার চুল এবং গ্রন্থিকোষগুলি বেশি সক্রিয় থাকে, যেখানে শরীরের বাকি অংশ এবং গ্রন্থিকোষগুলি বছরে মাত্র এক বা দুই মাস সক্রিয় থাকে। শরীরের মধ্যেও সামান্য পার্থক্য থাকতে পারে।

প্রাচীন পণ্ডিতদের মতে এবং ধর্মীয় গ্রন্থেও উল্লেখিত, মানুষের শরীরে গড়ে ৩৫ মিলিয়ন চুল থাকে। ভাই কান সিং জির এই দুটি লাইন খুবই বিখ্যাত:

চার মিলে চঊসঠ খিলে মিলে বিশ কর জোড়।।

গুরসিখ কো গুরসিখ মিলে খিলহৈ সাত করোড়।।

চারটির মিলিত অর্থ হল দুটি চোখ, উভয়ের বত্রিশটি দাঁত চৌষট্টিটি, তাদের হাত মিললে বিশটি হয় এবং উভয়ের সাড়ে তিন কোটি অর্থাৎ সাত কোটি চুল একজন গুরশিখকে দেখলে এই দর্শন ফুটে ওঠে।

আমাদের মাথার চুল, আকাশের অ্যান্টেনার মতো, স্বর্গীয় বিদ্যুতের গ্রহণকারী হিসেবে কাজ করে। এটি ঈশ্বরের সাথে সংযোগ স্থাপন এবং তা বজায় রাখতে সাহায্য করে। যখন আমরা পাঠ, সিমরান, কীর্তন এবং পূজা করি, তখন আমাদের চুল প্রচুর সাহায্য করে। এটি অপরিসীম পবিত্র এবং আধ্যাত্মিক শক্তি সঞ্চয় করে এবং আমাদের শক্তিকেও নষ্ট করে। এই কারণেই একটি পাগড়ি পরা হয়। এই শক্তি যাতে নষ্ট না হয় তা নিশ্চিত করার জন্য প্রাচীনকাল থেকেই এটি করা হয়ে আসছে। বাকি যে পোশাক পরা হয় তা সামাজিক, অন্যদিকে পাগড়ি ধর্মীয়। মাথা এবং চুল ঢেকে রাখা অপরিহার্য। এই কারণে, মহিলারা যে 'কেস্কি' (মাথার বন্ধনী) পরিধান করে, সেটিরও নিজস্ব তাৎপর্য রয়েছে। ভাই নন্দ লাল জির এই বিষয়ে বিবরণী নিম্নরূপ লিপিবদ্ধ করা হয়েছে:

নগন হোয়ি বাহর ফিরহি নগন সিস জো খায়ি।।

নগন প্রসাদ জো বান্টই তনখাহী কহায়ী। ২৪ |

একইভাবে, শ্রী গুরু গ্রন্থ সাহেবে বলা হয়েছে যে, একজন অত্যন্ত উচ্চপদস্থ গুরুমুখ, তার শরীরের প্রতিটি লোমকূপে ভগবানকে স্মরণ করে, একই সত্য ভগবানে মিশে যান:

গুরুমুখী রোমি রোমি হরি ধিয়াভৈ।।

নানক গুরুমুখী সাচি সমাভৈ।।

(অঙ্গ ৯৪১)

প্রাচীনকাল থেকেই, ঋষি, দেবতা, নবী, রাজা এবং সম্রাটদের সকলেরই চুল ছিল। যদিও প্রত্যেকেই তাদের নিজস্ব ধর্মীয় নিয়ম প্রতিষ্ঠা করেছিলেন, তবে কেউই চুলকে অস্বীকার করেননি।

চুল সৌন্দর্য এবং আভা বৃদ্ধি করে। দাড়ি এবং চুল একজন মানুষকে পবিত্র, পুরুষালি, আধ্যাত্মিক এবং উন্নত করে তোলে। মাথার চুল সবচেয়ে

লম্বা এবং ঘন, যেন এটি একটি দেশের রাজধানী, শক্তির প্রতীক। একবার কল্পনা করুন, যদি একটি সিংহের সামনের পায়ে চুল না থাকে তবে তার চেহারা এবং মূল্য অর্ধেক হয়ে যাবে। আরও অনেক প্রাণী, পাখি, ময়ূর এবং মুরগির পালকের সৌন্দর্য কোনও গোপন বিষয় নয়। পুরুষ তোতাপাখি এবং পায়রা স্ত্রী পাখির চেয়ে বেশি সুন্দর দেখায়।

আমাদের ফুসফুসের রাসায়নিক গঠন নিম্নরূপ: ৪৫ শতাংশ কার্বন, ২৮ শতাংশ অক্সিজেন, ১৫ শতাংশ নাইট্রোজেন, ৭ শতাংশ হাইড্রোজেন এবং ৫ শতাংশ সালফার। আমাদের চুলেও ১২ থেকে ১৫ শতাংশ জল থাকে এবং অন্যান্য খনিজ পদার্থ যেমন ক্যালসিয়াম, ক্যাডমিয়াম, ক্রোমিয়াম, তামা, দস্তা, আয়রন এবং সিলিকন অল্প পরিমাণে পাওয়া যায়। ডাক্তারদের মতে, আমরা যে খাবার খাই তাতে আটটি উপাদান থাকে যা শরীরের অঙ্গ-প্রত্যঙ্গে রস এবং শক্তি সরবরাহ করে। এগুলি হল: হাড়, মাংস, চুল, রক্ত, ত্বক, বীর্য, মজ্জা এবং স্নায়ু।

অকাল পুরখ জি মানবদেহের উপরের অংশে চুল তৈরি করেছেন ঠিক সেই আকারে যা তিনি প্রয়োজনীয় বলে মনে করেছিলেন। তবে, আমাদের মস্তিষ্ক সেই স্তরে পৌঁছাতে পারে না এবং আমরা সারা শরীরে চুলের সমস্ত উপকারিতা বুঝতে পারি না। উদাহরণস্বরূপ, চোখের পলক এবং চোখের পাতার চুল চোখকে রক্ষা করে, বগল ঘামের সময় ঘর্ষণ প্রতিরোধ করে এবং যৌনাঙ্গের চুল প্রস্রাব এবং বীর্য দ্বারা সৃষ্ট রোগ এবং ব্যাকটেরিয়া থেকে রক্ষা করে। আমাদের নাকের ছিদ্রের চুল বাতাসকে ফিল্টার করতে সাহায্য করে। কখনও কখনও, চুল এত সূক্ষ্ম, এত ক্ষুদ্র হয় যে খালি চোখে দেখা যায় না। এই চুলের উপস্থিতি অপরিহার্য। এটি প্রাকৃতিক এবং ঈশ্বরের একটি বিশেষ আশীর্বাদ।

চুলের দৈর্ঘ্যের রেকর্ডটি চীনের XIE QUIPING-এর দখলে, যার চুলের পরিমাপ ৮ মে, ২০০৪ তারিখে ৫.৬২৭ মিটার (১৮ ফুট ৫.৫৪ ইঞ্চি) ছিল। তার মতে, এত লম্বা চুল পরিচালনা করার জন্য প্রচুর ধৈর্য, অধ্যবসায় এবং সহনশীলতার প্রয়োজন। চুল এত লম্বা হলে নিজেকে সোজা রাখতে হবে। ২০১৮ সালের ডিসেম্বরে, গুজরাটের ষোল বছর বয়সী নীলাশী প্যাটেলের চুলের দৈর্ঘ্য ৫ ফুট ৭ ইঞ্চি ছিল। তিনি ব্যাখ্যা করেছিলেন যে সপ্তাহে একবার তার চুল ধোয়া এবং শুকানোর জন্য মাত্র আধা ঘন্টা সময় লাগে, কিন্তু আঁচড়াতে এক ঘন্টা সময় লাগে, তার মা সাহায্য করেন। তিনি

বেশিরভাগ সময় একটি 'মিধি' (একটি খোঁপা), একটি 'জালেবি' (একটি জিলিপি) খোঁপা এবং একটি 'গোলাকার খোঁপা' বাঁধেন।

চীনের ভ্যান হে-এর মতো পুরুষদেরও লম্বা জট থাকে বলে জানা গিয়েছে, কিন্তু ড্রেডলক দ্বারা জট পাকানো চুলের দৈর্ঘ্য পরিমাপ করা যায়নি। কিন্তু অনেকেই বিশ্বাস করেন যে তা প্রায় ৬.৮ মিটার লম্বা ছিল যা ২২ ফুটেরও বেশি হতে পারে কিন্তু তা ধোয়া হয়নি এবং ড্রেডলক রেকর্ডে অন্তর্ভুক্ত করা হয়নি। একটি গল্প বর্ণনা করার সময়, একজন শিখ পণ্ডিত বলেছিলেন যে তিনি জটযুক্ত একজন ব্যক্তিকে দেখেছিলেন এবং তিনি বলেছিলেন যে তিনি একটি নাপিতের দোকান থেকে বটের আঠা এবং অনেক কাটা চুল এনেছিলেন এবং বটের আঠার সাথে জোড়া লাগিয়ে লম্বা জট তৈরি করেছিলেন, এর পরে অনেক চুল জোড়া লেগে থাকে। জোড়া লাগানোর সময়, কখনও কখনও এটি দেখতে খেপাদের মতো লাগে কারণ এটি আঁচড়ানো হয় না। তাই অনেকে চুলে যাতে উকুন না হয় সেজন্য জটের মধ্যে ছাই রাখেন।

পুরুষদের মধ্যে সবচেয়ে লম্বা দাড়ির রেকর্ড নরওয়ের হ্যান্স নিলসেনের, যা তাঁর সমাধিস্থলে পরিমাপ করা হয়েছিল। ১৯২৭ সালে, তাঁর দাড়ি ১৭ ফুট ৬ ইঞ্চি লম্বা ছিল। দ্বিতীয় স্থানে রয়েছেন কানাডার স্বরণ সিং, যার দাড়ি ২০১১ সালের সেপ্টেম্বরে ৮ ফুট ২.৫ ইঞ্চি লম্বা ছিল। দাড়ি বাঁধার ঐতিহ্য মহারাজা শের সিংহের সময় থেকেই শুরু হয়েছিল বলে মনে করা হয়। এর আগে, দাড়ি বাঁধা অনুচিত বলে বিবেচিত হত। গুরুমুখরা খোলা রাখতে পছন্দ করেন। বিশ্বের দীর্ঘতম গোঁফের রেকর্ডটি জয়পুরের রাম সিং চৌহানের, যার গোঁফ ১৮ ফুট ৫ ইঞ্চি লম্বা। তিনি সপ্তাহে দু'বার গোঁফ ধোন, তাঁর দাড়ি একজন সাধারণ ব্যক্তির মতো, তাই তিনি কেবল প্রতি দুই দিন অন্তর তা ধোন।

ঐতিহাসিক সূত্র থেকে জানা যায় যে, সমস্ত গুরু সাহেবদের মধ্যে, শ্রী গুরু রামদাস জির সবচেয়ে লম্বা গোঁফ ছিল। যখন গুরু নানকের পুত্র, বাবা শ্রী চাঁদ, অমৃতসরে গুরু সাহেবের সাথে দেখা করেন এবং জিজ্ঞাসা করেন, "পূর্বপুরুষ, দাহাদা এত লম্বা কেন?" গুরু রামদাস বিনীতভাবে হাত জোড় করে বললেন, "তোমার মতো মহাপুরুষদের পা ঝাড়তে।" এই বলে তিনি বাবা শ্রী চাঁদের পা ঝাড়তে শুরু করলেন। খুশি হয়ে তিনি উদারভাবে হ্রদ এবং সরোবরকে আশীর্বাদ করলেন। গুরু গ্রন্থ সাহেবে বলা হয়েছে:

মেরে রাম হরি জন ক্যা হউ বলি জাই।।

কেসা কা করি চওরু দুলাওয়া চরণ ধুড়ি মুখি লাই।।

(অঙ্গ ৭৪৮)

করি কিরপা আপনা দরসু দিজই জসু গাও নিসি অরু ভোর।।

কেস সংগী দাস পগ ঝাড়উ ইহ্যা মনোরথ মোর।।

(অঙ্গ ৫০০)

গুরবাণীতে দাড়ি রাখার বিভিন্ন বিধান রয়েছে। নিম্নলিখিত কিছু উদাহরণ, ব্যাখ্যা করা হচ্ছে না:

সে দরিয়াঁ সাচিয়া জি গুর চরণি লগনি।।

অনদিত সেওনি গুরু আপনা অনদিনু অনদি রহংনি।।

(অঙ্গ ১৪১৯)

ফরিদা সিরু পলিয়া দাড়ি পলি মুছাঙ ভি পলিয়াঙ।।

রে মন গহিলে বাবলে মানহি কিআ রলিআং।। ৫৫।।

(অঙ্গ ১৩৮০)

তগু ন ইন্দ্রি তগু ন নারি।

ভলকে থুক পৌ নিত দাড়ি।।

(অঙ্গ ৪৭১)

মুখ সচে সচু দাড়িয়া সচু বোলহি সচু কমাহি।।

(অঙ্গ ১৪১৯)

ইংল্যান্ডের ইতিহাসে দাড়ি সম্পর্কিত একটি গুরুত্বপূর্ণ ঘটনা পাওয়া যায়। এখানে এটি প্রমাণ হিসেবে উল্লেখ করা হল। শ্রী গুরু নানক সাহেব জির সমসাময়িক স্যার থমাস মুর ১৫২৯ সালে ইংল্যান্ডের লর্ড চ্যান্সেলর হন এবং ১৫৩২ সালে পদত্যাগ করেন কারণ তিনি তৎকালীন রাজা সপ্তম হেনরিকে চার্চের প্রধান হিসেবে স্বীকৃতি দিতে অস্বীকার করেন। তার বিরুদ্ধে রাষ্ট্রদ্রোহ, রাজদ্রোহ এবং বিদ্রোহের অভিযোগ আনা হয় এবং ৭ জুলাই, ১৫৩৫ তারিখে তাকে মৃত্যুদণ্ড দেওয়া হয় এবং শিরশ্ছেদ করা হয়। তিনি অত্যন্ত সাধু প্রকৃতির একজন মানুষ ছিলেন এবং তার লম্বা, পবিত্র

দাড়ি ছিল। যখন তাকে মৃত্যুদণ্ডের জন্য কসাইখানায় কাঠের তক্তার উপর রাখা হয়, তখন তিনি তার দাড়ি তার ঘাড়ের উপরে চেপে ধরেছিলেন যাতে এটি তার ঘাড়ের সাথে কাটা না যায়। তিনি বলেছিলেন, "সর্বোপরি, তিনি বিদ্রোহ করেননি।" একজন মহান সাধক স্যার থমাস মুর ইংরেজি সাহিত্যে তৃতীয় রিচার্ডের ইতিহাস লিখেছিলেন এবং তার অমর রচনা "ইউটোপিয়া" লিখেছিলেন, যা বিশ্বের মানচিত্র এবং বিশ্বকোষ হিসেবে গৃহীত হয়েছে। এটি বিশ্বকোষ এবং বিশ্ব অ্যাটলাস নামেও পরিচিত। প্রায় সাড়ে তিন শতাব্দী পরে, ১৮৮৬ সালে, এটিকে বিটিফাইফাইড ঘোষণা করা হয়, যা খ্রিস্টধর্ম অনুসারে, মৃত ব্যক্তির জন্য আনন্দ ও সুখের কারণ হিসাবে বিবেচিত হয়, পরমানন্দ অর্জন করে।

গরিবা উপরি জি খিঙজই দাড়ি।।
পারব্রহমি সা অগ্নি মাহি শাড়ি।।

(অঙ্গ ১৯৯)

দাড়ির চুলওয়ালা ব্যক্তি আধ্যাত্মিক এবং তাকে দেখে সম্মানিত বলে মনে হয়। প্রাচীন ধর্মগ্রন্থগুলিতে ব্রহ্মা, নারদ, বিশিষ্ট মুণি এবং ভৃগুর দাড়িওয়ালা রূপের বর্ণনা রয়েছে। গুরু গ্রন্থ সাহেবেও অকাল পরীক্ষায় (অনন্ত পরীক্ষা) চুলওয়ালা ঈশ্বরকে চিত্রিত করা হয়েছে। কেশব মানে চুলওয়ালা। দাড়ির চুল দাঁত এবং মাড়ির রোগ কমায়। এই কারণে, অনেক গুরশিখ হাঁচি বা কাশির সময় তাদের দাড়িতে থুতু বা ফোঁটা পড়া রোধ করার জন্য তাদের গলায় "হাজুরিয়া" বা "পল্ল" পরেন। "হাজুরিয়া" বা "পল্ল" বিশেষভাবে অপরিহার্য যখন "হাজুর" (পবিত্র পাঠ) পরিদর্শন করেন বা গুরু গ্রন্থ সাহেবের "পাঠ" পাঠ করেন।

ঈশ্বর আমাদের শরীরে এমন কোনও অনন্য দেননি যার কোনও কাজ নেই বা যা অকেজো। একইভাবে, চুলের উপর গবেষণা থেকে স্পষ্টভাবে জানা গিয়েছে যে চুল উল্লেখযোগ্য পরিমাণে ভিটামিন ডি তৈরি করে, যা আমাদের শরীরের জন্য অপরিহার্য। ভিটামিন ডি আমাদের হাড় এবং দাঁত সুস্থ রাখার জন্য অত্যন্ত গুরুত্বপূর্ণ। কিছু পণ্ডিত এমনকি চুলকে ভিটামিন ডি তৈরির কারখানা বলে অভিহিত করেন। কেউ চুল কাটলে কারখানার কাজ ব্যাহত হয়। ঢেকে রাখলে চুল আরও দ্রুত বৃদ্ধি পায়। অতএব, আমাদের দেশে পাগড়ি এবং স্কার্ফ দিয়ে মাথা ঢেকে রাখা একটি ঐতিহ্য।

আমাদের চুল গ্রীষ্মে শীতলতা এবং শীতকালে উষ্ণতা প্রদান করে। হৃদয় ও মনকে একাগ্র করার জন্য চুলকে অত্যন্ত কার্যকর বলেও বিবেচনা করা হয়। আমরা এর সম্পূর্ণ উপকারিতাও বুঝতে পারি না। যদিও সৎগুরু জি এটিকে প্রথম 'কক্কর' হিসাবে বর্ণনা করেছেন, তাহলে অকাল পুরখের মূর্ত প্রতীক গুরু সাহেব জি, এর সমস্ত গুণাবলী এবং বৈশিষ্ট্য জেনেও, জন্মের আগেই সকলকে চুল দান করেন। সৎগুরু আরও বলেন, "হে শিখ! গুরু এবং ঈশ্বরের ইচ্ছা অনুসরণ করো এবং চুল কাটো না। যেখানে চুল রেহাতের অংশ, সেখানে যে কেউ এটিকে অসম্মান করে সে পাপী বলে বিবেচিত হয় এবং শিখ ধর্ম থেকে দূরে সরে যায়।" গুরু বলেন, আমি রেহাতকে ভালোবাসি।

সো শিখু সখা বন্ধপু হ্যায় ভাই জি গুর কে ভানে ভিচি আভৈ।।
আপনে ভানে যে চল্যা ভাই বিছুড়ি চোটা খাভৈ।।
বিনু সতিগুর সুখু কদে ন পাওভৈ ভাই ফিরি পছোতাভৈ।।

(অঙ্গ ৬০১)

পুরে কা কিয়া সভ কিছু পুরা ঘটি বধি কিছু নাহি।।
নানক গুরুমুখী ঐসা জানৈ পুরে মাংহি সমাংহি।।

(অঙ্গ ১৪১২)

ঈশ্বর যেমন মানুষকে শরীরের অন্যান্য অঙ্গ-প্রত্যঙ্গ দিয়েছেন, যা ছাড়া মানুষ অক্ষম হয়ে পড়ে, তেমনি তিনি তাকে চুলও দান করেছেন। চুল আমাদের মস্তিষ্ককেও রক্ষা করে। সর্বশক্তিমান ঈশ্বর মানুষকে সর্বশ্রেষ্ঠ করে তুলেছেন।

এই ভাবনাকে শক্তিশালী করে, আমরা আমাদের প্রার্থনায় সৎগুরুর কাছে চুল এবং শিখ ধর্মের দানের জন্য প্রার্থনা করি। ভাই নন্দ লাল জি তাঁর বেতন পত্রে লিখেছেন, "গুরুর উক্তি হল যে, যদি কোনও শিখের পুত্র জন্মগ্রহণ করে এবং সে 'মোনা' (চুল, দাড়ি কাটা) হয়ে যায়, তবে তার শিকড় শুকিয়ে যাবে, কিন্তু যদি কোনও শিশু শিখ হয়েই থাকে, তবে তার শিকড় সবুজ হবে।"

এখন, আসুন আমরা ভাই নন্দ লাল জি-এর কিছু উক্তি উদ্‌ধৃত করি, যা ভাই সাহেব জি প্রিয়জনের চুল, চুলের গুচ্ছ, কানের দুল এবং দেহের লোম সম্পর্কে বলেছেন। ভাই সাহেব জি বলেন:

গর দিলী তু জানবি হক আরদত

আয বুনি হার মুয়াই হক মে বারদত।। ৪২৫।।

অর্থ- গুরু যদি আপনার মনকে ঈশ্বরের দিকে নিয়ে যান, তবে আপনার হৃদয়ের প্রতিটি মূল থেকে ভগবানের নাম প্রবাহিত হবে।

কাকুলে ও দিল ফরেবে আলম আসত।

তালেবাং রা মুয়ি ও বাসদ লজিজ।।

(গজল নং ৩৪)

অর্থ: তার চুলগুলো মনোমুগ্ধকর। যারা কৌতূহলী তাদের কাছে তার চুল সুস্বাদু বলে মনে হয়।

পাতষহীএ ই দু আলম ইয়াক নিগাহে রুয়িতন।।

সাইয়া আইজুলফ তো অজ বালে হুমা খাহদ গজসত।।

(গজল নং ১১)

অর্থ - তোমার মুখের এক ঝলক এই দুই জগতের রাজত্ব ধারণ করে। তোমার চুলের ছায়া হুমা পাখির ছায়ার চেয়েও শ্রেষ্ঠ। এই অনুভূতিটি খুবই সুন্দর কারণ এটি বিশ্ববিখ্যাত যে হুমা পাখির (যা আকাশে খুব উঁচুতে উড়ে যায়) ছায়া যদি কারো উপর পড়ে, তাহলে সে একটি জগতের রাজত্ব অর্জন করতে পারে।

ব সুয়াই গাইর ময়ফগন নজর কি বে বসতি।

তমাম চষম শো ও সুয়াই দোসত ওয়া মে বাশ।।

(গজল নং ৩৯)

অর্থ- অন্যের দিকে তাকিও না, আবেগ দেখো না অথবা অন্ধ হও না। সকলে চোখ খুলে তাদের প্রিয়জনের দিকে তাকাও:

দিনে দুনিয়া দর কমন্দে আং পরী রুখসারি মা।।

হর দো আলম কিমতে ইয়ক তার মুহে ইয়ারি মা।।

(গজল নং ২)

অর্থ: আমার ধর্ম এবং পৃথিবী হল সেই দেবদূতমুখী মানুষের ফাঁসির ফাঁস। উভয় পৃথিবীই আমাদের বন্ধুর এক টুকরো চুলের সমান:

ই জুমলহ জহাং অসিরি জুলফত গষতহ।।
ইয়াক লখত অগর গিরহ কুষাই চি ষবদ।। ২।।

(গজল নং ২৪)

অর্থ: এই সমগ্র পৃথিবী তোমার চুলে গ্রেপ্তার হয়ে গিয়েছে, যদি তুমি অবিলম্বে গিঁটটি খুলে দাও তাহলে কী হবে?

ভাই গুরুদাস জির পনেরো দিনের আঠারো পৌড়িতে, ভাই সাহেব মানুষের সৃষ্টির সময় প্রকৃতির দ্বারা শরীরের অদ্‌ভুত এবং অনন্য সৃষ্টিতে শরীরের অন্যান্য অংশের তুলনায় চুলকে বেশি গুরুত্ব দিয়েছেন:

মুংহ আখখিন তে নক্ক কন্ন হথ পৈর দন্দ ওয়াল গণয়া।।
উত্তর কুল উত্তম জনম রোম রোম গুণ অঙ্গ সবায়া।।

সৎগুরু জির মতে এই চুলে ঈশ্বরের আশীর্বাদপ্রাপ্ত, তা অনেক শারীরিক অসুস্থতা থেকেও রক্ষা করে। তিনি আমাদের চুল রাখার এবং তার যত্ন নেওয়ার নির্দেশ দিয়েছেন। গুরু সাহেব আরও ঘোষণা করেন যে, যে শিখ ধার্মিকতার বোধ রাখে এবং আদেশ পালন করে, সে তার কাছে সেই ব্যক্তির চেয়ে বেশি প্রিয় যে নিজেকে শিখ বলে দাবি করে।

ভেখ পিয়ারা নাহি মম বরণ পিয়ারা নাহি।।
রহিত পিয়ারি মোহ কো সিদক পিয়ারা আহি।।৪৫।।

(একশত সাক্ষীর মধ্যে)

চুল পরিষ্কার রাখা ঈশ্বরের আনুগত্য করার সমান। গুরু সাহেব আমাদের সতর্ক করে বলেন:

গুরসিখ মিত চলহু গুর চালি।।
জো গুরু কহৈ সোই ভল মানহু হরি হরি কথা নিরালি।।

(অঙ্গ ৬৬৭)

গাছের ডাল কেটে ফেলার ফলে শরীরে তরল পদার্থ প্রবাহিত হয়, যেন গাছ কাঁদছে। একইভাবে, চুল কাটার ফলে শরীরে সূক্ষ্ম ব্যথা হয়, যা মানুষ

অনুভব করতে পারে না। বিজ্ঞান এটি তদন্ত করবে এবং এটি স্পষ্ট করবে। যদি একটি নখ সামান্য বেশি কাটা হয়, তবে ব্যথা কয়েক দিন ধরে স্থায়ী হতে পারে। চুল জীবন্ত, এর সর্বাধিক শক্তিশালী প্রমাণ হল চুল কালো এবং বয়সের সাথে সাথে ধূসর বা সাদা হয়ে যায়। চুল জীবন্ত এবং সচেতন কারণ এটি কাটার পরে আবার গজায়, কারণ তা ঈশ্বরের ইচ্ছে। ঈশ্বরের ইচ্ছে যে মানুষের চুল থাকা উচিত। চুল শিখ রেহাতের (ধর্ম) একটি প্রাকৃতিক লক্ষণ, যার অর্থ একজন শিখ গোপনে তৈরি হতে পারে না। সৎগুরু একজন শিখকে এমন রূপ দিয়েছেন যে লক্ষ লক্ষ মানুষের মধ্যে দাঁড়িয়ে থাকা একজন শিখ তার পাগড়ি এবং চুলের দূর থেকে চেনা যায়। সৎগুরু রেহাতের (ধর্ম) উপর খুব জোর দিয়েছেন। গুরবানি এবং রেহাতনামায় এমন অনেক শিক্ষা পাওয়া যায়:

সেবা সুরতি সবদি বিচারি।। জপু তপু সঞ্জমু হউম্যা মারি।।
জীবন মুকত জা সবদু সুনাই।। সচি রহত সচা সুখ পাঐ।।

(অঙ্গ ১৩৪৩)

গিয়ানু ধিয়ানু সমু গুর তে হোই। সাচি রহত সাচা মনি সোই।।

(অঙ্গ ৮৩১)

রাহিনী রহিহ সোই শিখ মেরা ওয়া ঠাকুর ম্যায় ওস কা চেরা।।
করহি অকাল পুরখ কি আসা। জনম মরন কট ডারৈ ফাসা।। ৩৬।।

(রেহিতনামা ভাই প্রহিলাদ সিংহ)

রহতনামা ভাই দেসা সিংহ জি সোরঠায় লিখেছেন, যা নিম্নরূপ:

প্রীতম রাহাত যহ জান খান্দে কী পাহুল ছকে।।
সোই সিংঘ প্রধান আওয়ার ন পাহুল জো লঐ।।৬।।
পাঁচ সিংঘ জো অংম্রিত দেয়ং।
তাং কো সির ধরি ছকি পুন লেবৈ।।
পুন মিলি পাঞ্চহু রহত জো ভাখহি।।
তাং কো মন মেং দৃড় করি রাখহি।। ৭।।

"তোমার চুলের অসম্মান করো না" এই শিক্ষাটি গুরু নানক দেব সাহেব নিজেই বাস্তবায়ন করেছিলেন। গুরু নানক দেব জির মক্কা, মদিনা এবং বাগদাদ ভ্রমণের অসংখ্য উদাহরণ রয়েছে, যেখানে অনেক মুসলমান তাঁর প্রতি শ্রদ্ধা প্রকাশ করেছিলেন। ভাই বালা জি-র জন্মসখীতে মক্কা এবং মদিনার পুরো কাহিনী লিপিবদ্ধ করা হয়েছে। পীর বাহাউদ্দিন এই গল্পে তার দৃষ্টিভঙ্গি উপস্থাপন করেছেন:

বন্দা বাদ শরিঅতি কদে পাক না হোয়ি।

বাঝং সুন্নত আদমি দরগহি লএ ন ঢয়ি।

শ্রী গুরু নানক দেব সাহেব জি উত্তর দেন, ফার্সি ভাষায় মৃত চুলকে বলা হয়। সতগুরু জি গোষ্ঠিতে বলেছেন:

সাচি সুনত রব দি মুঐ লৈ আইয়া নাল।।

জো রখে মুঐ সলামতি সো খাস বান্দা ভাল।।

অব্বল সুংনত মুয়াই হ্যায় সির তে রখৈ জোয়ি।।

পাভৈ মুরাতবা সয়দি ভডা রিখিশর হোয়ি।।

রখ্খে মুঐ হলাল খায়ি নিকট হরাম ন জায়ি।।

সভ সংসার কী কিআ চলে তিস তে ডরে খুদাই।।

তাদের অনেকেই চুল রাখতেন এবং তাদেরকে উচ্চমানের পীর বলা হত। একইভাবে, দশম সৎগুরু উচ্চ স্তরের পীর হিসেবে বৃত্ত থেকে আবির্ভূত হয়েছিলেন কারণ সমস্ত মুসলমান জানতেন যে উচ্চ স্তরের পীররা তাদের চুল অক্ষত রাখেন।

শ্রী গুরু অর্জন দেব সাহেবও মারু রাগের এই শব্দে ইসলামের অনুসারীদের প্রকৃত শরীয়ত প্রদান করেন: 'তোমার মুখমণ্ডল যেমন আছে তেমন রাখো এবং তোমার মন যা অপবিত্র হয়ে যাচ্ছে তা পবিত্র করার চেষ্টা করো, তাহলে তুমি এইভাবে সম্মান পাবে':

নাপাক পাকু করি হদুরি হদিসা সাবত সুরতি দসতার সিরা।।

(অঙ্গ ১০৮৪)

ভাই মর্দানা জির পুত্র সায়াদেকে চুল না কাটার প্রকৃত শিক্ষা দেওয়া হয়েছিল, তিনি বলেছিলেন, "গুরু নানক সাহেব জি আমাদের এই শিক্ষা দিয়েছেন।"

তিলং রাগের প্রথম স্তবকটিতে, শ্রী গুরু নানক সাহেব ইসলামের অনুসারীদের তাদের নিজস্ব ভাষায় প্রচার করেন যে মৃত্যু যেকোনও সময় আসতে পারে। সেই সময়, অন্য কেউ সাহায্য করতে পারবে না, এবং ঈশ্বরের প্রিয়জনদের পায়ের ধুলো চাইতে পারে এবং এমন মনে করতে পারে যেন মৃত্যুর দূত আজরাইল আপনার চুল ধরে আছেন। আপনার হৃদয়কে বোঝান যে এই পৃথিবী নশ্বর। সেই আদেশ হল:

দুনিয়া মুকামে ফানি তহকীক দিল দানি।।
মম সর মুয়াই আজরাইল গিরফতহ দিল হেচি ন দানি।।

(অঙ্গ ৭২১)

যখনই একজন মানুষ ধর্মের দিক দিয়ে অগ্রসর হয়, তখন প্রকৃতির রহস্য তার সামনে উন্মোচিত হতে শুরু করে। তারা সাধারণত বোঝে যে তাদের চুলকে অসম্মান করা উচিত নয়, কারণ এটি প্রকৃতির নিয়মের বিরুদ্ধে। যারা চুল কাটেন তারা এটা বোঝেন; এটি স্বাভাবিকভাবেই ফিরে আসে, যা ঈশ্বরের কাছে খুশি। অন্যথায়, তারা বারবার চুল কাটেন, কিন্তু তারা সারা জীবন কখনও এই প্রাকৃতিক নিয়মের কাছে নতি স্বীকার করেন না। ধার্মিক লোকেরা আনন্দের সাথে ঈশ্বরের ইচ্ছা গ্রহণ করেন। বিশ্বের ইতিহাসে, যারা জীবনে মহান কিছু অর্জন করেছেন তাদের বেশিরভাগই এই বিষয়টি জানতেন, তাই তারা লম্বা চুলের অধিকারী ছিলেন বা হয়ে গিয়েছিলেন।

এখানে মাত্র কয়েকটি নাম দেওয়া হল: রবি ঠাকুর, কলম্বাস, মোজার্ট, লিংকন, কার্ল মার্কস, কনফুসিয়াস, নেপোলিয়ন, জুলিয়ার সিজার, এডিসন, ওয়াশিংটন, ভিক্টর হুগো, গ্যালিলিও, বার্নার্ড শ, বিথোভেন, টলস্টয়, লেনিন এবং গুটেনবার্গ। ভগত সিংহ, ভাই সাহেব ভাই রণধীর সিংহ জি-র সাথে কারাগারে দেখা করার পর, তার চুলের অসম্মান করেননি এবং তার চূড়ান্ত মৃত্যুদণ্ডের সময়, তার চুলের পরিমাণ ছিল প্রায় ছয় ইঞ্চি এবং সেই সাথে দাড়ি এবং গোঁফও ছিল।

বেদ, পুরাণ, শ্রুতি, উপনিষদ, কুরআন এবং অন্যান্য ধর্মীয় গ্রন্থ চুল না কাটার পরামর্শ দেয়। এত প্রচুর উদাহরণ এখানে তালিকাভুক্ত করা অসম্ভব, কারণ এতে বইয়ের আকারও ব্যাপক আকার ধারণ করবে। গুরু গ্রন্থ সাহেবে এর প্রশংসা করা হয়েছে। অন্যান্য ধর্মের বেশিরভাগ

প্রতিষ্ঠাতাও লম্বা চুল রাখতেন। কেউ তাদের ধর্ম নির্বিশেষে চুল রাখার কথা বলেননি। এমনকি খ্রিস্টধর্মেও, স্যামসন-এর শক্তি এবং চুলের মধ্যে সংযোগ বিশ্বখ্যাত। যীশু, মুহাম্মদ, কৃষ্ণ, রামচন্দ্র এবং অন্যান্য ঋষি, অবতার এবং দেবতাদের সকলেরই চুল ছিল।

কিছু গবেষণায় দেখা গিয়েছে যে লম্বা চুলের মানুষদের বিভিন্ন রোগে আক্রান্ত হওয়ার সম্ভাবনা কম থাকে, অর্থাৎ লম্বা চুলের মানুষদের সর্দি, কাশি এবং দাঁতের ব্যথা কম হয়। একইভাবে, জানা গিয়েছে যে ১৯৮৪ সালের ২-৩ ডিসেম্বর মধ্যপ্রদেশের ভোপালে যে গ্যাস লিকেজ ঘটেছিল, তাতে প্রায় ৩,৭৮৭ থেকে ১৬,০০০ মানুষ প্রাণ হারান এবং গ্যাসের কারণে অর্ধ মিলিয়নেরও বেশি মানুষ বিভিন্ন রোগে আক্রান্ত হন। এর ফলে বহু মানুষকে প্রচুর কষ্ট এবং যন্ত্রণা সহ্য করতে হয়েছিল। ভোপালে বসবাসকারী শিখরা গ্যাসের দ্বারা কম আক্রান্ত হন। স্থানীয় একটি গুরুদ্বারার প্রধান জানিয়েছেন যে শিখ এবং লম্বা চুলের মানুষরা গ্যাসের দ্বারা কম আক্রান্ত হয়েছিলেন। তাদের জীবন ও সম্পত্তির ক্ষতি কম হয় এবং পরবর্তী রোগগুলিও কম আক্রান্ত হয়। এই গ্যাস লিকেজকে বিশ্বব্যাপী কোনও শিল্প এলাকায় ঘটে যাওয়া সবচেয়ে বিধ্বংসী এবং ধ্বংসাত্মক ঘটনা হিসাবে বর্ণনা করা হয়েছে।

আমাদের চুল গ্রীষ্মকালে আমাদের মাথা ও শরীরকে ঠান্ডা রাখতে সাহায্য করে এবং শীতকালে উষ্ণতা এবং সুরক্ষা প্রদান করে। সৎগুরু আমাদের এত গুরুত্বপূর্ণ চুল না কাটার আদেশ করেছেন। এটা বলাও ঠিক যে চুলের সম্পূর্ণ গুণাবলী এবং বৈশিষ্ট্য সম্পর্কে আমাদের এখনও সঠিক ধারণা নেই। অকাল পুরখের মূর্ত প্রতীক গুরু সাহেবকে অবশ্যই তাঁর আদেশ বিনা প্রশ্নে গ্রহণ করতে হবে। যাদের এইরকম দৃঢ় সংকল্প রয়েছে তারা তাদের মাথা এবং শরীর ত্যাগ করতে ইচ্ছুক, কিন্তু তারা তাদের জীবন দিয়ে শিখ ধর্মের সুরক্ষাকে মূল্যবান বলে মনে করে। ভাই তারু সিং জির 'শাহাদাত' তখনই মনে আসে যখন তিনি সৎগুরু জির কাছে প্রার্থনা করেছিলেন, "আমি যেন আমার চুল এবং আমার নিঃশ্বাস দিয়ে আমার শিখ ধর্মকে রক্ষা করতে পারি।" চুল ত্যাগের চেতনা জাগিয়ে তোলে এবং গুরুর আদেশ পালনের তুলনায় চুল এবং এর সারাংশের প্রতি নিবেদিত প্রাণ ব্যক্তির কাছে নিজের দেহ উৎসর্গ করা তুচ্ছ মনে হয়। সৎগুরু জি তাকে ক্ষমা করে দিয়েছিলেন, যখন নাপিত ভাই তারু সিং জির চুল কাটার

চেষ্টা করেছিল, তখন তার কাছে মনে হয়েছিল যেন চুল লোহা, ইস্পাতে পরিণত হয়েছে, যা কাঁচি দিয়ে কাটা যাবে না। অনেক চেষ্টা করার পর, জাকারিয়া খান ক্লান্ত হয়ে পড়েন এবং একজন মুচিকে ডাকেন। সে তার ছেনি এবং হাতুড়ি দিয়ে খোদাই করেন, কপালের চামড়া ছাড়িয়ে, ঘষে এবং হাতুড়ির সাহায্যে খুলিটি বের করেন। ভাই সাহেব জি একটিও চিৎকার বা দীর্ঘশ্বাস ফেলেননি। এই অবস্থায় তাকে একটি খাদে ফেলে দেওয়া হয়। তারপর ভাই সাহেব একুশ দিন বেঁচে ছিলেন।

একজন শিখ ভাই সাহেব জি-কে গোপনে দুধ খাওয়াচ্ছিল, সে বলে,"ভাই সাহেব,তোমাকে এই অবস্থায় দেখে আমি সহ্য করতে পারছি না।তোমার এই দেহ থেকে প্রাণ কেড়ে নেওয়া উচিত।" ভাই সাহেব উত্তর দিলেন, "আমি তোমাকে বলেছিলাম যে আমি জাকারিয়া খানকে আমার জুতার ডগায় বসাতে চাই। তার এখনও ২১ দিন বেঁচে থাকার বাকি আছে।" জাকারিয়া খানের প্রস্রাব বন্ধ হয়ে গেল। সে প্রচণ্ড ব্যথা অনুভব করতে লাগল। তখন তার কাছের লোকেরা বলল, "তুমি শিখদের উপর অনেক অত্যাচার করেছ, তাই তুমি এত কষ্ট পাচ্ছ।" সে শিখদের কাছে ক্ষমা প্রার্থনা করল। যখন শিখরা বলল যে ভাই তারু সিং জি তাকে জুতোর ডগায় বসাতে বলেছেন, তখন তাকে বলা হল যে ভাই সাহেবের জুতো মাথায় মারলে হয়তো কিছুটা স্বস্তি পাওয়া যাবে। অসহায় জাকারিয়া খানকে এটা মেনে নিতে হয়। জুতো মাথায় মারতেই সে কিছুটা স্বস্তি অনুভব করল এবং প্রস্রাব বের হতে লাগল। সে বলল, "আমাকে এভাবে জুতো দিয়ে মারতে থাকো।" জুতো দিয়ে ক্রমাগত আঘাত করার কারণে তার মাথা কাঁপতে শুরু করে এবং একবিংশ দিনে সে মারা যায়।

পীর বুধু শাহ (বদরুদ্দিন) গুরু গোবিন্দ সিংহকে অত্যন্ত স্নেহ করতেন। তাঁর সুপারিশেই গুরু গোবিন্দ সিংহ ৫০০ পাঠানকে তাঁর সেনাবাহিনীতে নিয়োগ করেছিলেন। সম্রাট ঔরঙ্গজেব শিয়া মুসলিম হওয়ার কারণে তাদের বরখাস্ত করেছিলেন। তারা ক্ষুধার্ত ও দুর্দশাগ্রস্ত অবস্থায় ঘুরে বেড়াচ্ছিলেন। তারা পীর জিয়ার কাছে অনুরোধ করেন। তিনি জানতেন যে তারা কেবল সৈনিক এবং ঔরঙ্গজেবের ভয়ে অন্য কেউ তাদের নিয়োগ করবে না। গুরু তাদের নিয়োগ করেছিলেন এবং তারা তাদের বেতন পেতে শুরু করেন। পাহাড়ি রাজারা আক্রমণ করলে তারা তার সাথে বিশ্বাসঘাতকতা করে পালানোর চেষ্টা করেছিলেন। গুরু জিয়া তাদের

স্পষ্টভাবে বলেছিলেন যে, যে কেউ চলে যেতে চায়, তারা চলে যেতে পারে। একজন পাঠান, কালে খান ছাড়া বাকি সবাই চলে যান। পীর বুধু শাহ যখন এই কথা জানতে পারেন, তখন তিনি অত্যন্ত লজ্জিত বোধ করেন। তিনি তাঁর ৭০০ শিষ্য, চার পুত্র এবং দুই ভাই সহ গুরু সাহেবের সামনে উপস্থিত হন। যদিও তারা সকলেই সৈনিক ছিলেন না, তারা পাহাড়ি রাজাদের বিরুদ্ধে বীরত্বের সাথে যুদ্ধ করেছিলেন। ভাঙ্গানির যুদ্ধে (১৬৮৮) তাঁর অনেক শিষ্য, দুই পুত্র এবং এক ভাই শহীদ হন।

যখন পীর বুধু শাহ জি গুরুজির সাথে দেখা করতে এলেন, তখন গুরু সাহেব তাঁর চুল আঁচড়াচ্ছিলেন। সৎগুরু জি করুণার সাথে বললেন, "তুমি প্রভুর দরবার থেকে যা ইচ্ছে নিতে পারো।" কিন্তু পীর জি বিনীতভাবে বললেন, "দয়া করে কাঁধের চুল সহ পাগড়িটিও আমাদের হাতে তুলে দিন।" সৎগুরু জি করুণার সাথে একটি কিরপাণও দান করলেন। এখানে লক্ষণীয় যে সৎগুরু জি কাঠের চিরুনি দিয়ে চুল আঁচড়াচ্ছিলেন, তা পরিষ্কার করছিলেন। তবে, এই ঘটনাটি ঘটেছিল খালসা প্রতিষ্ঠার বহু বছর আগে। সাহেব শিখদের কাছে যা-ই প্রচার করুন না কেন, তিনি প্রথমে নিজেই তা অনুশীলন করেন। মহারাজা নাভা ভরপুর সিং (১৮৪০-১৮৬৩) পীরের পরিবারকে একটি বিশাল সম্পত্তি হস্তান্তর করে এই জিনিসপত্রগুলি অর্জন করেছিলেন। এই জিনিসপত্রগুলি এখনও নাভা পরিবারের প্রাসাদে সংরক্ষিত আছে। সিধৌরার এই পীর বুধু শাহ জিকে সিরহিন্দের ফৌজদারের নির্দেশে উসমান খান নির্যাতন করে হত্যা করেছিলেন। বাবা বান্দা সিং জি সিরহিন্দের কর্মকর্তাদের এবং সিধৌরার উসমান খানকে একটি শিক্ষা দিয়েছিলেন। এখানে এটাও উল্লেখ করা দরকার যে বান্দা সিং বাহাদুরের সাথে ৭০০ জন সিংহ শহীদ হয়েছিলেন এবং একজনও পিছু হটেননি। তিনি প্রচুর কষ্ট সহ্য করেছিলেন কিন্তু চুল এবং নিঃশ্বাস দিয়ে তাঁর শিখ ধর্ম রক্ষা করেছিলেন। পীর বুধু শাহের পৈতৃক বাড়ি সিধোরায়, যেখানে পীর বুধু শাহ জির নামে একটি গুরুদ্বারা বর্তমানে অবস্থিত। আমি এখানে আরও উল্লেখ করতে চাই যে পীর বুধু শাহ জির চিরুনিতে গুরু সাহেবের চুলকে অমূল্য মনে করতেন এবং তাঁকে এই চিরুনির দাঁতটি দেওয়ার জন্য অনুরোধ করেছিলেন।

একজন পণ্ডিত ব্যক্তি প্রচার করেছিলেন যে গুরু সাহেব জির শিক্ষা অনুসারে চুলের প্রতি শ্রদ্ধাশীল হওয়া উচিত। তিনি ব্যাখ্যা করেছিলেন যে

এই বার্তাটি প্রজন্ম থেকে প্রজন্মে চলে আসছে এবং প্রাচীন গ্রন্থগুলিতেও এর উল্লেখ রয়েছে। তিনি আরও বলেছিলেন যে আঁচড়ানোর পরে যে চুল অবশিষ্ট থাকে তা শ্রদ্ধা ও রীতিনীতির সাথে ব্যবহার করা উচিত, অথবা জলে ডুবিয়ে রাখা উচিত। রেহতনামাতে আমি এমন কোনও উল্লেখ পাইনি। এটা সম্ভব যে, আমি হয়তো তা পড়ার সুযোগ পাইনি। যদি আপনি এমন কোনও তথ্য পান, তাহলে দয়া করে আমাকে জানান; আমি কৃতজ্ঞ থাকব।

রেহতনামাতে অনেক আদেশ রয়েছে, যেমন খালি মাথায় না খাওয়া, খালি মাথায় না চলা এবং খালি মাথায় ঘরের কাজ না করা। ধোয়ার পরে যখন চুল সূর্যের আলো বা বাতাসের সংস্পর্শে আসে, তখন এটিকে "হর করনা" বলা উচিত। একটি রেহতনামায় আরও বলা হয়েছে যে, যে ব্যক্তি "হর করনা " বলে সে "তানখাহিয়া" (যে ব্যক্তি চুল "শুকিয়ে" দেয়) হয়ে যায় কারণ এটি "শুকানোর" অর্থও গ্রহণ করে। ঠিক যেমন সূর্য জল শুকিয়ে দেয়, এটি শেষ বিন্দুটুকু বাষ্পীভূত করে এবং অদৃশ্য করে দেয়। একইভাবে, চুল দীর্ঘ সময় ধরে সূর্যের আলোতে রাখা উচিত নয় কারণ অতিরিক্ত সূর্যের আলো চুলের আরও ক্ষতি করতে পারে।

প্রাচীনকালের দিকে তাকালেও প্রাচীন গ্রন্থগুলি থেকে জানা যায় যে, সকলেই চুল রাখতেন। চুল কাটা মৃত্যুর চেয়েও খারাপ বলে বিবেচিত হত। আজও, নবরাত্রী এবং পিতৃ তর্পণের সময় চুল কাটা হয় না। এমনকি মুসলমানরাও হজ্জ বা রমজানের সময় চুল কাটা এড়িয়ে চলে। এই সময়ে এই কাজটিকে অশুভ বলে মনে করা হয়। যদি এটি কোনও ভালো কাজ না হয়, তবে এটিকে খারাপ বা ভুল, পাপ বলে মনে করা হয়। চুল কাটা একজন বয়স্ক ব্যক্তির মৃত্যুতে শোকের প্রতীক। এমনকি যদি ব্যক্তি তার চুল কেটে ফেলে, তবে তা আবার গজায়। কেউ এটিকে থামাতে পারে না; এটি একটি প্রাকৃতিক নিয়ম। সবাই মেনে নেয় যে লম্বা চুল থাকা এবং পূজা ও আচার-অনুষ্ঠান করা মানুষের তাৎপর্য বৃদ্ধি করে। ইতিহাসে লিপিবদ্ধ আছে যে পাণ্ডবদের রাজত্বের শেষের এক হাজার বছর পরে, নন্দ নামে এক রাজার রাজবংশ ১,৫০০ বছর রাজত্ব করেছিল। এই নন্দ ছিলেন একজন শূদ্র রাজা। পরশুরামের মতো, নন্দরাও তাদের রাজকীয় ক্ষমতা ব্যবহার করে অনেক ব্রাহ্মণের চুল কেটে ফেলেছিলেন। আরেক রাজা, মকর, একই রকম কাজ করেছিলেন বলে উল্লেখ করা হয়েছে। এটি এই

উদ্দেশ্যে করা হয়েছিল যে বৈদিক মন্ত্র পাঠকারীদের মাথা কামানো তাদের আধ্যাত্মিক শক্তিকে ধ্বংস করবে। তবে, ধূর্ত ব্রাহ্মণরা মাথা ন্যাড়া করাকে "মুণ্ডন সংস্কার" (পৈতে অনুষ্ঠান) বলে অভিহিত করেছিল এবং তাদের শিক্ষাগত বুদ্ধিমত্তার মাধ্যমে অগণিত মানুষকে অন্যায়ের পথে পরিচালিত করেছিল। বেশিরভাগ মানুষই সঠিকভাবে ধর্মগ্রন্থ অধ্যয়ন করে না এবং সেগুলি নিয়ে চিন্তাও করে না। এ কারণেই তাদের কৌশল সফল হয়েছিল। কিছু ধর্মে, সন্ন্যাস নেওয়ার সময় সন্ন্যাসীদের চুল এবং দাড়ি ত্যাগ করতে হয় অর্থাৎ তা কেটে ফেলা হয়। সৎগুরুজি ত্যাগ করার মানে জঙ্গলে যাওয়ার অনুমতি দেননি। দশম পাতশাহ জী বলেছেন:

রে মন ঐসো কর সংনিআসা।
বন সে সদন সভৈ করি সমঝহু মন হি মাহি উদাসা।।

(দশম গ্রন্থ)

গুরু নানক দেব জির সময়েও, অনেক ব্রাহ্মণ বাহ্যিকভাবে কুরআন পড়ার এবং ইসলামী ভাষা বলার ভান করতেন, আসলে ইসলামিক আদেশ অনুসরণ করতেন তারা, কিন্তু বাড়িতে তারা হিন্দু পদ্ধতিতে পূজা এবং অন্যান্য আচার-অনুষ্ঠান পালন করতেন। গুরু সাহেব জির তাঁর "আসা কি বার" বইতে এই দ্বিচারিতার নিন্দা করেছেন। আদেশটি হল:

গৌ বিরাহমণ কদু করু লাভহু গোবরি তরনু জাই।।
ধুতি টিকা ত্যা জপমালি ধনু মালেছন খাই।।
অন্তরী পূজা পড়হি কাতেবা সঞ্জমু তুর্কা ভাই।
ছোডিলো পাখন্ডা। নামি লয়িওই জাহি তরান্দ।।

(অঙ্গ ৪৭১)

গুরু সাহেব জি কারও প্রতি বিরোধিতা দেখাননি, কিন্তু তিনি দৃঢ়ভাবে ভণ্ডামির বিরোধিতা করেছিলেন এবং ঈশ্বরের নাম জপ করার কথা বলেছিলেন। গুরু সাহেব জির শিক্ষার প্রতি এই পণ্ডিতদের বিরোধিতার একটি কারণ হতে পারে যে গুরু জির তাদের ভণ্ডামি প্রকাশ করেছিলেন, এবং 'আসা কি বার'-এর সময় এটি প্রতিদিন পুনরাবৃত্তি করা হয়। মুসলিম শাসকরাও আদেশ জারি করেছিলেন যে কোনও হিন্দু দাড়ি রাখতে পারবে

না, ঘোড়ায় চড়তে পারবে না, অথবা মাথায় পাগড়ি বা টুপি পরতে পারবে না।

পাগড়ি প্রথমে গুরু নানক দেব জির দ্বারা গৃহীত হয়েছিল, এবং অন্যান্য সমস্ত সৎগুরু নিজেরাই পাগড়ি পরতেন, এবং শিখরাও তা অনুসরণ করেছিলেন। নিহং সিংহের অনেক প্রাচীন চিত্র পাওয়া যায়, যেখানে তাদের "দুমাল" পরা দেখানো হয়েছে। মাতা ভাগোর (ভাগ কৌর) পাগড়ি পরা একটি ছবিও দেখা যায়, যার থেকে ইঙ্গিত পাওয়া যায় যে প্রাচীনকালে মহিলারাও পাগড়ি পরতেন, কারণ সৎগুরু জি পুরুষ এবং মহিলাদের মধ্যে বৈষম্য করতেন না। শিখ সম্প্রদায়ে, পুত্র এবং কন্যার মধ্যে কোনও বৈষম্য নেই; তাদের সম্পত্তির সমান উত্তরাধিকারী হিসাবে বিবেচনা করা হয়। আনন্দপুর সাহিবে, বিশেষ করে "হোলা মহল্লা" এর সময় এখনও বৃহৎ, সুসজ্জিত সিংহ দেখা যায়।

কিছু শিখ সংগঠন কেসকী-কেও 'কক্কর' অক্ষর হিসেবে বর্ণনা করে। চুলের প্রতি যত বেশি শ্রদ্ধা দেখানো যায়, ততই ভালো। চুল ঢেকে রাখার জন্য ডুমাল, পাগড়ি, কেস্কি এবং দোপাট্টা ব্যবহার করা হয়। পাগড়ি হল সর্দারদের প্রতীক। একজন শিখ যত ধনীই হোন না কেন, যদি তিনি চুল এবং পাগড়ি না বাঁধেন, তবে কেউ তাকে সর্দার বলে ডাকে না। ভক্ত নামদেবও ভগবানকে এই উচ্চারণ করে শনাক্ত করেন:

খুবু তেরি পাগরি মিঠে তেরে বোল।।
দ্বারিকা নগরী কাহে কে মগোল।।

(অঙ্গ ৭২৭)

সৎগুরু আমাদের আজীবন সর্দার করে তুলেছেন। প্রাচীন হিন্দু পুরোহিতরাও বড় পাগড়ি পরতেন। একইভাবে মুসলিম রাজারাও পাগড়ি পরতেন। আগেই উল্লেখ করা হয়েছে যে জাহান ধাড়ি নাথ আবদুল্লাহ গুরু হরগোবিন্দ সাহেব এবং জাহাঙ্গীরের পরা পাগড়ির প্রতিদ্বন্দ্বিতা করতেন। প্রাচীন কবি নরোত্তমের রচনাও প্রমাণ করে যে ভগবান কৃষ্ণও পাগড়ি পরতেন। একবার, পণ্ডিত সন্ত সিং মাসকিন নরোত্তমের কবিতার উপর ভিত্তি করে সুদামা এবং ভগবান কৃষ্ণের গল্প বর্ণনা করেছিলেন। এমনকি প্রাচীন ইংল্যান্ডেও ৮০-৯০ বছর আগের ফুটবল ম্যাচের ছবিতে দেখা যায় যে দর্শকরা টুপি বা টুপি পরে মাথা ঢেকে রাখত।

শিক্ষিত এবং পন্ডিত পুরুষরা বলেন যে যদি শিখরা পাঞ্জাবি এবং চুলের খোঁপা মেনে চলে, তাহলে সৎগুরু তাদের আশীর্বাদ করে যাবেন। পাগড়ি চুলের যত্নের একটি অবিচ্ছেদ্য অংশ। ছোটবেলা থেকেই শিশুদের পাগড়ি পরতে এবং প্রতিদিন তা পরার অভ্যাস গড়ে তুলতে উৎসাহিত করা উচিত। অনেক জায়গায় এখন চমৎকার পাগড়ি প্রতিযোগিতা এবং পাগড়ি বাঁধার প্রশিক্ষণ দেওয়া হয়, যা অত্যন্ত প্রশংসনীয়।

শিখদের মধ্যে পাগড়ির রঙ নিয়ে কোনও বিভ্রান্তি নেই। সাদা, কালো, নীল এবং গেরুয়া রঙ সবচেয়ে সাধারণ, কিন্তু যখন একজন শিখ কোনও বিশেষ অনুষ্ঠানের জন্য প্রস্তুতি নেন, যেমন অমৃত সঞ্চার বা নগর কীর্তন, তখন পোশাক এবং পাগড়ি একই রঙে সাজানো হয়। পাগড়ি আলাদাভাবে বাঁধা হয়, টুপির মতো বাঁধা হয় না, কারণ শিখ ধর্মে টুপি পরা নিষিদ্ধ। রেহতনামাগুলিতেও একই রকম নির্দেশ পাওয়া যায়:

কাংহা দোনঙ্উ বকত কর পাগি চুনহি কর বাংধই।

(তনখহনামা ভা. নন্দ লাল জি)

পাগড়ি খুলে খালি মাথায় খাবার খাওয়াও নিষিদ্ধ:

পগড়ি লাহি কর সিখ প্রসাদি খাএং সো তনখাহীআ।

(তনখহনামা, চৌপা সিং ছিব্বর)

পাগড়ি এবং পাগড়ির জন্য নির্বাচিত কাপড় সাধারণত ব্যক্তিগত পছন্দের বিষয়। সাধারণত ৫-৬ মিটার কাপড় ব্যবহার করা হয়, তবে অনেক নিহং সিং ৫০ মিটার পর্যন্ত লম্বা পাগড়ি পরেন। মুসলিম নবী মহম্মদ নিজে পাগড়ি পরতেন এবং মুসলিমরা ১৯ শতক পর্যন্ত নিয়মিতভাবে এটি পরতেন। আজও, ইসলামী ধর্মের প্রধানরা সবুজ পাগড়ি পরেন। আরবি ভাষায়, পাগড়িকে ইমামাহ বলা হয়।

অনেক শিখও গুরুদ্বারতে পাগড়ি পরেন। পাগড়িকে সম্মানের প্রতীক হিসেবে বিবেচনা করা হয়। রেহতনামায় উল্লেখিত কারো পাগড়ি স্পর্শ করাকে মহাপাপ হিসেবে বিবেচনা করা হয়। পাগড়ি পুনরুদ্ধারের জন্য ইংল্যান্ড সহ অনেক দেশে অসংখ্য প্রচার চালানো হয়েছে এবং গুরু সাহেবের কৃপায় তা সফলও হয়েছে। পরিবারের প্রধানের মৃত্যুর পর, জ্যেষ্ঠ পুত্রকে পাগড়ি দেওয়া হয়, যা দায়িত্ব হস্তান্তরের প্রতীক।

পাগড়ি ভগবানের নাম জপ করে মনের মধ্যে সঞ্চিত শক্তিকে রক্ষা করে, যাতে তা নষ্ট না হয়। প্রাচীন ঋষিরা তাদের চুলকে খোঁপার মতো করে বেঁধে রাখতেন, যাতে ধ্যান এবং তপস্যার শক্তি ভিতরে সঞ্চিত থাকে। যে কেউ ধর্ম সম্পর্কে অন্তর্দৃষ্টি লাভ করে সে একজন প্রমাণিত কর্তৃ হয়ে ওঠে।

ভক্ত কবীর ব্যঙ্গাত্মকভাবে তাদের চুল কাটার লোকদের বলেন:

মুড মুন্ডাঐ জৌ সিধি পাই।।
মুকতি ভেড় ন গইআ কোই।।

(অঙ্গ ৩২৪)

কিন্তু আজকাল, চলচ্চিত্র অভিনেতা-অভিনেত্রীদের অনুকরণ, তাদের অন্ধানুকরণ, ফ্যাশন-সচেতনতা, টেলিভিশন এবং অশ্লীল গান আমাদের পুরো তরুণ প্রজন্মকে বিপথে নিয়ে যাচ্ছে। ছেলেদের মতো মেয়েদের মধ্যেও চুল এবং চোখের পাপড়ি স্টাইল করার প্রবণতা কম নয়। গত কয়েক বছরে অসংখ্য বিউটি পার্লার গজিয়ে উঠেছে। আজকাল বেশিরভাগ মহিলা খালি মাথা ঘুরে বেড়াতে পছন্দ করেন এবং কেউ কেউ কেবল গলায় স্কার্ফ পরেন। মাত্র কয়েকজন মহিলা, যিনি শিখ মহিলা, সহজ পোশাক পরেন এবং গুরমত অনুসারে জীবনযাপন করেন। সাধারণত, শালীনতা পরিত্যাগ করা হচ্ছে, এবং অস্বাস্থ্যকর খাদ্যাভ্যাস এবং অন্যান্য খারাপ অভ্যাস গ্রহণ করা হচ্ছে। অনেক শিখ এইভাবে প্রার্থনা করেন। মীর মান্নুর কারাগারেও, শিখ মহিলাদের তাদের সন্তানদের টুকরো টুকরো করে তাদের গলায় পরিয়ে দেওয়া হত, কিন্তু শিখ ভক্তি অটল ছিল। তাদের সন্তানদের উপার্জনের কথা মাথায় রেখে, "ওয়াহেগুরু!" জপ করেন (বাহ, শ্রী গুরু নানক সাহেবের আদেশ মনে রাখবেন):

রংনা হোইয়া বোধিয়া পুরস হোঐ সাইয়াদ।।
সীলু সঞ্জমু সুচ ভংনি খানা খাজু অহাজু।
সরমু গয়িআ ঘরি আপনৈ পতি উঠি চলি নালী ।
নানক সচা ঐকু হ্যা অউরু ন সচা ভালি।।

(অঙ্গ ১২৪৩)

অনেক শিখ যাদের পূর্ণ ভক্তি নেই, অর্থাৎ যারা অমৃত গ্রহণ করেননি, তারা নিজেদেরকে সহিজধারী বলে ডাকেন অথবা মানুষ তাদেরকে সহিজধারী বলে ডাকে। কিন্তু যদি তারা সহজেই শিখ ধর্ম গ্রহণ করে, তাহলে তো ঠিক আছে, যদি না করে, তাহলে তাদের সম্পর্কে প্রশ্ন ওঠে যে তারা কি শিখ হওয়ার মায়া পোষণ করছে? শুধুমাত্র শিখ পরিবারে জন্মগ্রহণ করলেই কেউ শিখ হয়ে ওঠে না। নির্ধারিত আচার-অনুষ্ঠান অনুসারে অমৃত পান করে এবং ধর্মীয় আচার-অনুষ্ঠান সম্পন্ন করলেই কেবল গুরু হওয়া সম্ভব। সকল ধর্মেরই দীক্ষার নিজস্ব নীতি রয়েছে এবং এটি শিখদের মধ্যে বিখ্যাত:

প্রীথম রহত যহ জান খন্দে কী পাহুল ছকে।।

অমৃত সঞ্চারের সময় গুরু জির দেওয়া পবিত্র শিক্ষা গ্রহণ না করে কেউ শিখ হতে পারে না। আমাদের এই সহজ বিষয়টিই প্রেমের সাথে ব্যাখ্যা করতে হবে এবং গুরু সাহেব জির গল্প এবং ইতিহাস সকলকে শুনিয়ে তাদের ঐক্যবদ্ধ করতে হবে, যুদ্ধে শিখদের উত্থান এবং কৃতিত্বের কথা বলতে হবে। তবে, আমরা তাদের গুরু জির দেওয়া নির্দেশনা অনুসরণ করার জন্যও অনুরোধ করি, অন্যথায় কেউ কেউ বলতে শুরু করবে, "আমাদের ভেতরে শিখ ধর্ম আছে।" গুরু সাহেব জি একটি অনুশাসনমূলক কথা উচ্চারণ করেন:

রহত অবর কছু অবর কমাভাত।।
মণি নহি প্রীতি মুখহু গংঢ লাভত।।

(অঙ্গ ২৬৯)

সো পড়িয়া সো পণ্ডিতু বিনা জিনি কমানাং নাউ।।
পহিলো দে জড় অন্দরি জংমৈ তা উপরি হোভৈ ছাংঊ।।

(অঙ্গ ১২৮৮)

রেহতনামায় বলা হয়েছে যে, যে শিখের লম্বা চুল আছে কিন্তু 'পাহুল অমৃত' খায় না, সে একজন বোকা এবং ভণ্ড। গুরু সাহেব জি বলেন, "আমি তাকে দেখতে চাই না।"

ধরে কেস পাহুল বিনা ভেখি মুড়া শিখ।।
মুহি দর্শনি নাহি তিস পাপি তিআগহি ভিখ।।

বাস্তবে, রাজনেতারা তাদের নিজস্ব স্বার্থের জন্য ধর্মের ব্যাপক ক্ষতি করেছেন এবং করছেন। এই ধরনের রাজকীয় ব্যক্তিদের শিখ প্রতিষ্ঠানগুলির উপর বিশেষ নিয়ন্ত্রণ রয়েছে এবং শিখ ধর্ম কেবল গুরু সাহেব জির কৃপায় টিকে আছে। যদি একজন দক্ষ শিখ নেতা থাকেন যিনি অনুকরণীয়ভাবে তার দায়িত্ব পালন করেন, তাহলে শিখ সম্প্রদায় আরও উচ্চতায় উন্নীত হতে পারে।

প্রকৃতপক্ষে, চুল, দাড়ি এবং পাগড়ি থাকার কারণে বিশ্ব আমাদের সর্দার জি বলে ডাকে। চুল এবং পাগড়ি ছাড়া, যত ধনীই হোন না কেন, মানুষ আমাদের সর্দার জি বলে ডাকবে না। হিন্দু পুরুষরা (বিশেষ কিছু রাজ্যে) কেবল তাদের বিবাহের দিনে পাগড়ি এবং তরবারি পরে, একদিনের জন্য সর্দার হয়ে ওঠে। গুরু সাহেব জি আমাদের চিরকালের জন্য বর এবং সর্দার করে তুলেছেন। প্রাচীনকালে, মাথা থেকে পাগড়ি খুলে ফেলা মৃত্যুর লক্ষণ ছিল।

শ্রী গুরু গোবিন্দ সিংহ জী খালসা এবং শিখদের কত আশীর্বাদ করেছেন তার তালিকা তৈরি করা কঠিন, কিন্তু নিজে অমৃতের উৎস হওয়া সত্ত্বেও, তিনি পাঁচজন প্রিয়জনকে অনুরোধ করেছিলেন যেন তারা তাঁকেও অমৃত দান করেন। সৎগুরু জী'র নম্রতা এবং দূরদর্শিতা এমন যে ভবিষ্যতে শিখরা বুদ্ধিমান হতে পারে এবং বলতে পারে যে কালগীধর জী কোথায় অমৃত ছিটিয়েছিলেন। ভাই ডালেকে অনেক সেবা করার পরেও, তিনি তাকে সচখণ্ডে একটি পেহদির মতো বড় জায়গাও দিতে অস্বীকার করেছিলেন যতক্ষণ না তিনি অমৃত পান করে প্রস্তুত হন।

খালসার পাঁচজন প্রতিনিধির অনুরোধ এবং আদেশে সৎগুরু জী চামকৌর দুর্গ ত্যাগ করেন, কিন্তু হাততালি দিয়ে জোরে জোরে বলেন, "ভারতের পীর, শিখদের গুরু চলে যাচ্ছেন।" এছাড়াও, যাওয়ার আগে, তিনি তার চুলের জোড়া খুলে ফেলেন, কারণ সেই সময় অন্ধকার ছিল এবং একজন শহীদ সিংহের চুল স্পর্শ করলে তার অসম্মান হতে পারে, যদিও এর জন্য তাকে অনেক কাঁটা এবং নুড়িপাথরের আঘাত সহ্য করতে হয়েছিল। চুলের মাহাত্ম্য প্রতিদিন আমাদের প্রার্থনায় স্মরণ করা হয় যে শিখদের শিখি এবং চুলের উপহার দেওয়া হোক এবং এটাও বলা হয় যে যারা চুল এবং নিঃশ্বাসের মাধ্যমে শিখি অনুসরণ করেছিলেন তাদের কথা মাথায় রেখে, খালসা জি ওয়াহেগুরু বলুন।

আনন্দপুর সাহেবে, যেখানে সৎ গুরু অমৃত সঞ্চারের অলৌকিক কাজ করেছিলেন, সেই স্থানের নাম ছিল কেশগড়, যার অর্থ দুর্গ। সুতরাং, যদি কেউ চুলের কেশগড় দুর্গ হারায়, তাহলে তাকে কীভাবে শিখ বলা যায়? একইভাবে, যদি কেউ অমৃত পান করে এবং তারপর সেই রীতি ভেঙে ফেলে, তাহলে তাকে পাপী বলে মনে করা হয়। ভাই নন্দ লাল জির প্রশ্নের উত্তরে রহতনামাও বলা হয়েছে:

"যে কোই শিখ কে বেটা মোনা হোয়ি জাভৈ তিস কী জড় সুক্কি, অউর জো মোনা শিখ হোয়ি জাভৈ তিস কী জড় হরি।"

'শিখ রহত মর্যাদায়' লেখা আছে যে, সিংহাসনে পতিত ও বেতনভোগী শিখ ছাড়া, শিখ বা অ-শিখ সকলেই প্রার্থনা করতে পারেন।

এমনকি আহমেদ শাহ আবদালির সময়েও, যখন শিখদের মাথার মূল্য ছিল, তাদের জীবন বাঁচানোর পরিবর্তে, শিখরা তাদের চুল এবং নিঃশ্বাস দিয়ে শিখ ধর্মকে সমুন্নত রেখে আমাদের জন্য পথ তৈরি করেছিল এবং অকাল পুরখের সেনাবাহিনীর শ্রেষ্ঠত্ব প্রমাণ করেছিল। চুল কেটে তাদের জীবন বাঁচানোর মাধ্যমে, তারা নৈতিক অবক্ষয়ের কাছে নতি স্বীকার করতে অস্বীকার করে। আবদালি পাতিয়ালা পরিবারের মহারাজা আলা সিংকে ইসলাম গ্রহণ করতে এবং শিখদের সাহায্যের জন্য তার চুল কেটে ফেলতে বলেছিলেন। বুদ্ধি এবং চতুরতার সাথে, তিনি আবদালিকে অন্য উপায় খুঁজে বের করতে রাজি করান, আসলে তিনি জেনে গিয়েছিলেন যে আবদালি খুব লোভী। এরপর আবদালি ১.২৫ লক্ষ টাকা জরিমানা দাবি করেন। তিনি জরিমানা পরিশোধ করেন, কিন্তু চুল কাটাননি। সেই সময়ে ১.২৫ লক্ষ টাকা ছিল বিশাল অঙ্কের পরিমাপ। তাই এটাও বলা যেতে পারে যে একজন পতিত শিখের মধ্যে উচ্চতর গুণাবলী থাকতে পারে না।

শিখদের টুপি পরা নিষিদ্ধ, কারণ রেহতনামায় (বইগুলিতে) এই ধরণের নির্দেশাবলী রয়েছে। আজকাল তরুণ শিখরা খেলাধুলার সময় যে টুপি এবং অন্যান্য জিনিস পরেন তাও ভুল বলে বিবেচিত হয়। ভাই নন্দ লাল জি-র রেহতনামায় বলা হয়েছে:

শিখ হোয়ি সির টুপি ধরৈ। সাত জনম কুসটি হোয়ি মরৈ।।

শিখদের পান পাতা খাওয়াও নিষিদ্ধ কারণ পান পাতায় এমন রাসায়নিক থাকে যা চুলের গোড়া এবং শিকড়কে দুর্বল করে দেয়। চতুর্থ সদগুরু তিলাং রাগে আরও বলেছেন:

পান সুপারি খাতিআ মুখি বিড়িয়া লাইয়া।

হরি হরি কদে না চেতিও জমি পকড়ি চলাইআ।।

(অঙ্গ ৭২৫)

চুল সম্পর্কিত আরও কিছু শিক্ষা রয়েছে, যা নিম্নরূপ: শিখদের কখনই ছাই বা মাটি দিয়ে চুল স্নান করা উচিত নয়। চুল নিয়মিত এবং সঠিকভাবে ধোয়া উচিত এবং প্রতিটি ক্ষেত্রে পরিষ্কার-পরিচ্ছন্নতা বজায় রাখার জন্য যত্ন নেওয়া উচিত।রেহতনামাগুলিতে বলা হয়েছে যে চুলে কাঁচি বা ছুরি ব্যবহার করা উচিত নয়। নিয়মিত চুল ধোয়া বলিরেখা এবং অন্যান্য সমস্যা প্রতিরোধ করে। শিখ এবং শিখ মহিলাদের কখনও পাকা চুল উপড়ে ফেলা উচিত নয়। গুরবানি আরও নির্দেশ দেয় যে বার্ধক্য এবং মৃত্যু এড়ানো যায় না:

জে জরওয়ানা পরহরৈ জরু ভেস করেদি আইয়্যা।।

কো রহ্য ন ভরিয়্যা পাইয়্যা।।

(অঙ্গ ৪৬৫)

চুল ধোয়ার জন্য অনেক ধরণের শ্যাম্পু পাওয়া যায় এবং চুলে লাগানোর জন্য বিভিন্ন ধরণের তেল পাওয়া যায়। অনেকে সাধারণ সাবান দিয়ে চুল ধোয়। অনেক সাধু দই দিয়ে চুল স্নান করান। অনেক ধরণের প্রতিকার পাওয়া যায়, কিন্তু সাধারণ ধারণা হল চুল খুব গরম জল দিয়ে ধোয়া উচিত নয়, বরং হালকা গরম বা ঠান্ডা জল দিয়ে ধোয়া উচিত।

অনেকে স্নানের দুই বা তিন ঘণ্টা আগে চুলে তেল ভালোভাবে লাগান, তারপর দুই বা তিন ঘণ্টা পরে চুল ধুয়ে ফেলুন। অনেকে দই এবং বাদাম তেলের মিশ্রণ দিয়ে মাথা ভালো করে ম্যাসাজ করেন এবং তারপর কয়েক মিনিট পর তা ধুয়ে ফেলেন। এতে তাদের চুল চকচকে দেখায়। স্নানের পর, যখন চুল শুকিয়ে যায়, অথবা জল বাষ্পীভূত হয়, তখন তারা তেল লাগান। চুল আলতো করে আঁচড়ানো উচিত, জোরে নয়। প্রথমে চুল ভালো করে ভিজিয়ে নিন এবং তারপর সাবান বা শ্যাম্পু লাগান। তোয়ালে দিয়ে খুব বেশি ঘষাও উচিত নয়। কিছু গুরমত শিখ চুলের জন্য আলাদা তোয়ালে ব্যবহার করেন। পা মোছার জন্য ব্যবহৃত তোয়ালে এবং অন্যান্য জিনিস চুলের জন্য ব্যবহার করা হয় না।

অনেক ধরণের তেল চুলের জন্য ভালো বলে মনে করা হয়, অথবা দাবি করা হয় যে এগুলি প্রয়োগ করলে চুলের শক্তি বৃদ্ধি পায়, চুল পড়া কমায়, অথবা খুশকি রোধ হয়। কিছু তেল মানুষের জন্য উপযুক্ত নাও হতে পারে। সন্দেহ থাকলে, একজন ডাক্তারের সাথে পরামর্শ করুন। এখানে কিছু তেলের কথা বলা হল যা সাধারণত চুলের যত্নের জন্য ব্যবহৃত হয়, কিন্তু কোনওটিই সুপারিশ করা হয় না। একইভাবে, অনেক ক্রিম এবং শ্যাম্পু আছে, কিন্তু এগুলির উল্লেখ করা হয়নি।

Coconut Oil, Sweet Almond Oil, Argan Oil, Jojoba Oil, Olive Oil, Lavender Oil, Mustard Oil, Lemongrass Oil, Grapeseed Oil, Avocado Oil

এগুলি ছাড়াও, আরও অসংখ্য তেল পাওয়া যায়, যা ইন্টারনেটে অনুসন্ধান করলে পাওয়া যাবে। আপনার অবশ্যই আপনার ডাক্তার বা চিকিৎসকের সাথে পরামর্শ করা উচিত। তবে, আপনার চুল বজায় রাখার জন্য, ধোয়া এবং পরিষ্কার রাখা অপরিহার্য, যা অত্যন্ত উপকারী। সৎগুরু জির আদেশ হল:

নায়ি নিওয়াজা নাতে পূজা নাভনী সদা সুজাণী।।
মুয়িআ জিভদিআ গতি হোভৈ জাং সিরি পাইয়াই পাণি।।

(অঙ্গ ১৫০)

শিখদের জটা তৈরি এবং পালন নিষিদ্ধ। দশম 'পাতশাহ জি' তাঁর ভাষণে বলেন:

জটাং না সিস ধারি হৌঙ্গ।।
ন মুন্দ্রকা সু ধারি হৌঙ্গ।।

একইভাবে, যোগীদের মতো, কানে কানের দুল পরা নিষিদ্ধ। অনেক মূর্খ মানুষ প্রশ্ন তোলে: যদি শরীর থেকে কিছু কাটা নিষিদ্ধ হয়, তাহলে নখ কেন কাটা হয়? আসলে, আমরা কেবল নখের সামনের অংশটি কেটে ফেলি, যা মৃত হয়ে যায়, অর্থাৎ সাদা, এবং মাংসের সাথে সংযুক্ত থাকে না। এটি কাটার ফলে অবশ্যই ব্যথা হবে না। নখের অগ্রভাগ যা সামনের দিকে প্রসারিত হয় তা মৃত, সাদা হয়ে যায়। এটি মৃত হওয়ার পর, এটি কেটে ফেলতে হবে, অন্যথায় এটিতে ময়লা জমতে শুরু করবে। এই নখ কাটার অর্থ ময়লা কাটা, এবং প্রকৃতি এটিকে মৃত করে দিয়েছে। যদি খুব বেশি

কাটা হয়, তাহলে রক্তপাতও হবে। দত্ত তারেয় নামে একজন ব্যক্তি তার নখ কাটতেন না, এবং তার শিষ্যরাও তাদের গুরুর পরামর্শ অনুসরণ করেছিলেন এবং তাদের নখ কাটতেন না। কিন্তু মানুষ মেনে নেয় যে নখের যে অংশটি মৃত হয়ে যায় কেবল তা কাটা হয়। ঠিক যেমন মৃতদেহ বাড়িতে রাখা হয় না, শ্মশানে নিয়ে যাওয়া হয় এবং সেখানে রাখলে দুর্গন্ধ ছড়ায় বলে দাহ করা হয়।

একইভাবে, চুলও মৃত হয়ে যায়। আমরা যখনই চুল আঁচড়াই, তখন চিরুনিতে মৃত চুল এসে যায় এবং তা পড়ে যায়। ঠিক যেমন নখ প্রতিদিন বড় হয়, প্রতিদিন তেমনি নতুন চুল গজায়। এভাবে, চুলের জন্ম ও মৃত্যুর চক্র সারা জীবন চলতে থাকে। কিছু জ্ঞানী ব্যক্তি এমনকি বলেন যে মৃত ব্যক্তির চুল এবং নখও বৃদ্ধি পায়, সম্ভবত এই কারণেই একটি মৃতদেহও সম্পূর্ণ বিশ্রাম নিতে সময় নেয়। যারা তাদের চুল এবং দাড়ি কেটে ফেলেন তারা কিছু সময় পরে তাদের চুল এবং দাড়ি আবার গজাতে দেখেন। এটি সারা জীবন চলতে থাকে। কিন্তু এটি প্রকৃতির সাথে যুদ্ধের মতো, যা জীবনের শেষ অবধি চলতে থাকে। যাইহোক, যদি চুল কাটা বন্ধ করা হয়, তবে এটি একটি নির্দিষ্ট পরিমাণে বৃদ্ধি পায়, তারপর অচল হয়ে যায়। কিন্তু যদি কেউ এটি মেনে না নেয়, তবে এই যুদ্ধে পরাজয়ের মুখোমুখি হতে হয়।

এখানে এটাও স্পষ্ট করে বলা দরকার যে গবেষণায় দেখা গিয়েছে যে অস্ত্রোপচারের পর চুল উপশম এবং আরোগ্য লাভে খুবই সহায়ক। সন্ত জারনাইল সিং একবার চুল সম্পর্কে বলতে গিয়ে বলেছিলেন, "যখন ভেড়ার পশম তোলা হয়, তখন তা নিয়ন্ত্রণ করা খুব কঠিন। পশম ফুলতে শুরু হয়। যখন মানুষ নিজেরাই নাপিতের সামনে বসে চুল কামিয়ে নেয়, তখন নাপিতের এই কাজের জন্য তাকে অর্থও দেওয়া হয়। এটা কতই না হাস্যকর এবং লজ্জাজনক যে, যে মাথা শত্রুর সামনে নত হয় না, সে নাপিতের সামনে মাথা নত করে।"

আত্মার পবিত্র বাণীর চর্চা যেমন কমে গিয়েছে, তেমনি চুলের প্রতি শ্রদ্ধাও কমে গিয়েছে। স্কুলগুলিতে শিখদের গৌরবময় ইতিহাস শেখায় না, বরং রোমান্টিকতা শেখায়। নাটক এবং চলচ্চিত্র শিখ ধর্মকে উপহাস করে, কিন্তু আমরা আসল উদ্দেশ্য অবহেলা করে ওই দৃশ্যগুলি দেখে হাসি। পাঞ্জাবি যুবকদের মাদকাসক্তি এবং ফ্যাশনে প্রলুব্ধ করা হচ্ছে। 'ডেরা' দ্বারা শিখ আদর্শকেও বিকৃত করা হচ্ছে। আমাদের প্রতিষ্ঠানগুলি দুষ্টুদের

এই কৌশলগুলি বুঝতে ব্যর্থ হচ্ছে, এবং কেউ কেউ এমনকি অজান্তেই তাদের সহায়তা করছে।

যদি আমরা জিজ্ঞাসা করি কেন, যখন রামলীলার মতো নাটক অভিনীত হয়, তখন শ্রী রামচন্দ্র, বিশ্বামিত্র এবং বিশিষ্টের মতো চরিত্রগুলিকে বাজার থেকে কেনা নকল চুল এবং দাড়ি দিয়ে সাজানো হয়। যদি তখন চুলের প্রয়োজন হত, তবে আজও এটি প্রয়োজনীয়। অন্যথায়, রামচন্দ্রকে ঝাঁকড়া চুল ছাড়াই উপস্থাপন করা উচিত। আমরা গর্ব করতে পারি যে আমাদের চুল এবং দাড়ি আসল, যেমনটি এই অবতার পুরুষরা পরেন, অথবা আমরা এটাও বলতে পারি যে দশম সৎগুরু আমাদের অবতারের রূপ দিয়েছেন। তদুপরি, সৎগুরু জি চুলে পাঁচ ঢোক অমৃত ঢেলে দিয়েছেন। সৎগুরু জি শিখদের এই পবিত্র রূপটি দান করেছিলেন, এমনকি বলেছিলেন:

খালসা মেরো রূপ হ্যায় খাস।।

খালসে না হঔ করঔ নিবাস।।

সৎগুরু জী আরও বলেছিলেন যে কেউ যেন এই বিষয়টিকে অতিরঞ্জিত বা মিথ্যা বলে মনে না করে, অকাল পুরখ প্রভু জী এবং গুরু নানক সাহেব জী এর সাক্ষী:

জা মাহি রঞ্চ ন মিথিআ ভাখী।।

পারব্রহ্ম গুর নানক সাখী।।

চুল আমাদের মাথার উপরে থাকে, সেই সাথে আমাদের সমগ্র দেহে ব্যাপ্ত, এবং এটি ঈশ্বরের মতোই বিশেষ। আমাদের দশম দরজাও, ভগবান চুলের মধ্যেই স্থাপন করেছেন, এবং শ্রী গুরু গ্রন্থ সাহেব জি বলেছেন যে এটি কেবল ভক্তি এবং ভগবানের কৃপায় খোলে।সেখানেই অমৃতের ঝর্ণা এবং অসীম ভগবান এবং তাঁর অনুগ্রহ বাস করে। আমার বইটি দেখুন (দশম দ্বার আগম অপর)। ঠিক যেমন সৎগুরু তামাক সেবনকে কঠোরভাবে নিষিদ্ধ করেছিলেন এবং এর সেবনকে একটি খারাপ অভ্যাস বলেছিলেন, বিজ্ঞান এখন এর ফলে সৃষ্ট রোগ সম্পর্কে মানুষকে সচেতন করছে। একইভাবে, যদি সৎগুরু আমাদের চুল রাখার আদেশ করছেন এবং না কাটতে উৎসাহিত করেন, তাহলে এই বিশেষ আদেশটি বোঝা দরকার। শরীরের একটি অংশ হিসাবে, এটি ভারসাম্য বজায় রাখতে

সাহায্য করে এবং এটিকে বিপথে যেতে বাধা দেয়। ধীরে ধীরে, বিজ্ঞানও এর অপরিসীম উপকারিতা এবং গুণাবলী সম্পর্কে সচেতন হবে। এমনকি যদি শরীরের অন্য কোনও অংশ কেটে ফেলা হয়, তবে চুলের মতো এটি আবার গজায় না, তাই চুল খুবই গুরুত্বপূর্ণ এবং তাই ভগবান এটি আবার গজাতে সাহায্য করেন।

সুতরাং, এই সমস্ত বিবেচনা প্রমাণ করে যে চুল আমাদের শরীরের একটি অংশ, এবং কেউ নিজের শরীরের অঙ্গ কাটে না। এটি ঈশ্বরের একটি রূপ। "কেশব" শব্দটি অনেক শব্দে ব্যবহৃত হয়েছে, যার অর্থ "কেশধারী" (চুল ধারণকারী), "চুলযুক্ত প্রভু।" চুল ছাড়া সত্য এবং ঈশ্বর অর্জন অসম্ভব। গুরু নানক সাহেব বলেছেন:

না সতী মুন্ড মুদাই কেসি না সতী পড়িয়া দেশ ফিরহি।।

(অঙ্গ ৯৫২)

ভক্ত কবীর জি বলেছেন, কিন্তু এই পংক্তিগুলি শ্রী গুরু গ্রন্থ সাহেব জিতে নেই।

মুন্ড মুন্ডাই হরি মিলে সব কোই লে মুন্ডায়ি।
বার বার কে মুন্ডনে ভেড ন বৈকুন্ঠ জায়ি।।
ভাই নন্দ লাল জি তাঁর 'রহতনামে' লিখেছেন:
মেট রজায়ি জু সিস মুন্ডাভৈ।।
কহু তে জগ কৈসে হরি পাভৈ।। ৯১।।
পাংখহু বিন বিহং জিম হোহি।
ওরব বিনা ভেড জিম কোই।। ৯২
বসন বিনাং নারী হ্যা জৈসে।।
কেসন বিনা হোয়ি নর তৈসে।। ৯৩।।
কেসন নর ধারে হ্যায় জবহি।।
পুরন রূপ হোয়ি হ্যা তবহি।। ৯৪।।
কেস ঐক পুন রহত জু পাই।।
তো কী মহিমা কহি ন জাই।। ৯৫।।
বেদ রহত জিম দিজ না সুহবত।।

সীল রহত কুল নারি ন ভাবত।। ৯৬।।

বেগ রহত জিম বাজি হীন।।

রহত বিনা ইহ কেস মলিন।। ৯৭।।

জিউন কাহু লে গধা নুভায়িঔ।।

ফুলমাল তিহ মুন্ড ধরায়িঔ।। ৯৮।।

তিহ কর তন কী শোভা নাহি।।

হাসি জোগ হোয়ি জগ মাহি।। ৯৯।।

তিম কুরহিতিঐ কেস রখাএ।।

কহহু সু কৈসে শোভা পাঐ।।১০০।।

রহত সু কেসন কো অতি ভুখন।।

রহত বিনা সির কেস ভি দুখন।। ১০১।।

চুল আমাদের দেহে উপস্থিত সবচেয়ে বিশুদ্ধ এবং পবিত্র প্রোটিন দিয়ে তৈরি। চুল আমাদের মানসিক ভারসাম্য বজায় রাখতে অনেক সাহায্য করে। সাধু, মহাপুরুষ এবং পণ্ডিতরা চুলকে আকাশের মৌলিক উপাদানের প্রাকৃতিক শক্তির একটি অংশ বলে মনে করেন।

চুল বিশ্বকে প্রকট করে যে এটি গুরুর 'শিখ' বা 'শিখনি' এবং অন্যান্য কক্কর সম্পর্কে কিছু বিভ্রান্তি থাকতে পারে। কিন্তু চুল একটি বিশেষ পরিচয় এবং সিলমোহর। ভাই নন্দ লাল জি 'রহতনামায়' বর্ণনা করেছেন যে 'রহত' একটি বিশেষ অলঙ্কারের মতো এবং রহত ছাড়া মাথাও ব্যথা করে। একজন শিখের জন্য চুল না রাখা খুবই দুর্ভাগ্যজনক।

কাংহা (চিরুনি)

চিরুনি (কাংহা) হল সৎগুরুর দেওয়া অমূল্য উপহারগুলির মধ্যে একটি। চুলের যত্নও অত্যন্ত গুরুত্বপূর্ণ, যার জন্য সৎগুরু আমাদের কাঠের চিরুনি দিয়ে আশীর্বাদ করেছেন। কাঠের চিরুনি দিয়ে চুল আঁচড়ানোর গুণাবলী পরীক্ষা করলে আমরা বুঝতে পারি যে সর্বজ্ঞ সৎগুরু আমাদের কতটা পবিত্র এবং প্রেমময় প্রতীক দান করেছেন। আমাদের কেবল কাঠের চিরুনি ব্যবহার করার নির্দেশ দেওয়া হয়েছে। এটি অন্য ধাতু যেমন সোনা, রূপা, লোহা, প্লাস্টিক বা মশলা দিয়ে তৈরি করা যাবে না। আমাদের দক্ষতার অভাবের কারণে, আমরা কাঠের চিরুনির সমস্ত গুণাবলী সম্পূর্ণরূপে বিবেচনা করতে পারি না, তবে আমরা চেষ্টা করব। প্রথমে, আসুন জেনে নিই কিভাবে চিরুনি তৈরি করা হয়।

প্রথমে কাঠের টুকরোগুলি বর্গাকারে কাটা হয়। তারপর, কাঠের অপচয় কমাতে এবং কাঠের চিরুনিকে তার প্রাথমিক আকৃতি দেওয়ার জন্য এই বর্গাকারগুলিকে একটু বাঁকা করে কেটে নেওয়া হয়। চিরুনির মতো করাত ব্যবহার করে এই বাঁকা বা টেপার করা প্রতিটি টুকরোতে দাঁত তৈরি করা হয়। এই একাধিক করাত চিরুনির প্রাথমিক কাঠামো তৈরি করে এবং তারপরে চিরুনির আকার দেওয়ার প্রক্রিয়া শুরু হয়। চিরুনির মুখ তৈরি করার পর, কাঠের টুকরোগুলি হাতের কাছে না পৌঁছানোর জন্য এর চারপাশের অতিরিক্ত কাঠ করাত দিয়ে কেটে ফেলা হয়। এই পালিশ করার পর, চিরুনিটি তার আসল আকারে ফিরে আসে, তবে এর সৌন্দর্য আরও বাড়ানো প্রয়োজন, তাই পালিশ করে এর সর্বশেষ রূপ দেন করা হয়। হাতলটিকে তার সুন্দর আকৃতি দেওয়ার জন্য কাঠ পালিশ করা হয়। এরপর, তা একজন গুরশিখের চুলের যত্নের জন্য ব্যবহৃত হয়, সর্বদা এটিকে তার গুরুর আশীর্বাদের প্রতীক হিসাবে মনে রাখে। আজকাল,

বেশিরভাগ কাজ মেশিন দ্বারা করা হয়, তবে অনুমান করা হয় যে, পূর্ববর্তী সময়ে, চিরুনি তৈরির সমস্ত কাজ হাতে করা হত।

যখন আমরা দেখি যে করাত দিয়ে চিরুনি তৈরি করা হচ্ছে, তখনই আমাদের মনে পড়ে যায় ভাই মতি দাসজির কথা, যার মাথা করাত দিয়ে দুটি লম্বা টুকরো করা হয়েছিল। কিন্তু তিনি কখনও একটি শব্দও উচ্চারণ করেননি, বরং বাণী (পবিত্র গ্রন্থ) পাঠ করেছেন, চরম সহনশীলতা প্রদর্শন করেছেন এবং ভবিষ্যৎ প্রজন্মের গুরশিখদের তাদের বিশ্বাসে অটল থাকার জন্য নির্দেশনা দিয়েছেন। গুরশিখ-এ যোদ্ধা, সাধু এবং পণ্ডিতরা 'আরদাসে' (প্রার্থনা) আরও যোগ করেছেন, এই শব্দগুলি যুক্ত করা হয়েছে যাতে ভবিষ্যৎ প্রজন্ম সর্বদা সেই শহীদদের স্মরণ করতে পারে:

"যারা সিংহ ধর্মের জন্য প্রাণ উৎসর্গ করেছে, দণ্ড কেটেছে, খুলি উৎসর্গ করেছে, শূলে চড়েছে, দেহ উৎসর্গ করেছে, গুরুদ্বারগুলির সেবার জন্য আত্মত্যাগ করেছে, ধর্ম হারায়নি, 'শিখি কেসান সুআসাং নাল নিবাহি', ধ্যানের জন্য অর্থ উপার্জন করেছে, "খালসা জি! বোলে জি ওয়াহেগুরু!"

শ্রী গুরু গ্রন্থ সাহেব আরও উল্লেখ করেছেন যে ভগবানের দরবেশ এবং ফকিরদের গাছের মতো ধৈর্য এবং অধ্যবসায় প্রয়োজন।

ফরিদা সাহেব দি করি চাকরী দিল দি লাহি ভরান্দি।।
দরভেসান নো লোড়িওই রুখান দি জিরান্দি।। ৬০।।

(অঙ্গ ১৩৮১)

শ্রী গুরু অর্জন দেব সাহেব জী 'মারু রাগে' গাছের অবস্থা বর্ণনা করেছেন:

সসত্রি তিখনি কাটি ডারিও মনি ন কিনো রোসু।।
কাজু ঔআ কো লে সভারিও তিলু না দিনো দোসু।।

(অঙ্গ ১০১৭)

এইভাবে, কাঠটি করাত দিয়ে কেটে চিরুনিতে পরিণত করার পর, এটি একজন গুরশিখের মাথার সর্বোচ্চ স্থানে স্থাপন করা হয়। চুলে চিরুনি স্থাপন করার জন্য সৎগুরুর সংকেত হল, "হে প্রিয় শিখ! দশম দরজা এখানে, কারণ দশম দরজাটি গোপন।" এই আদেশ:

নঔ দরবাজে কায়িআ কোটু হ্যা দসভৈ গুপতু রহীজৈ।।
বজর কপাট ন খুলনি গুর সবদি খুলিজৈ।।

(অঙ্গ ৯৫৪)

দশম দ্বারও আছে, যা চিরুনি দ্বারা চিহ্নিত করা হয় কারণ দশম দ্বারকে নয়টি খোলা দ্বারের চেয়ে অগ্রাধিকার দেওয়া হয়েছে, এবং তাই এগুলিকে দশম দ্বারের চেয়ে নিকৃষ্ট বলে মনে করা হয়, তবে দশম দ্বারে অমৃতের ঝর্ণা রয়েছে। আদেশটি হল:

নঔ দরবাজ নভে দর ফিকে রসু অংম্রিতু দশভে চুইজৈ।।

(অঙ্গ ১৩২৩)

যেমন একটি মুকুট হীরা এবং মূল্যবান পাথর দিয়ে খচিত, এই চিরুনিটি তেমনি কোহিনুরের মতো মূল্যবান পাথর দিয়ে খচিত, বরং বলা যায় এর চেয়েও বেশি কিছু কারণ দশম গুরু আমাদের এই উপহার দিয়েছেন। একইভাবে, ভাই মতি দাস জির ত্যাগ শিখ ইতিহাসে চিরকাল হীরার মতো জ্বলজ্বল করবে। চুল আঁচড়ানো একজন শিখ সতেজ, 'নবায়িত' এবং চটপটে বোধ করে, এবং ক্লান্তি দূর হয় এবং চুলও সুন্দর হয়। অতিরিক্ত চিন্তাভাবনা মাথা এবং কপালকে ক্লান্ত করে তুললেও, ভালোবাসার সাথে চুল আঁচড়ানো এবং 'সিমরান' (এর অর্থ, চুল আঁচড়ানোর সময়তেও প্রার্থনা করা উচিত, কখনও সময় নষ্ট করা উচিত না) করা ক্লান্তি দূর করার জন্য যথেষ্ট। স্নানের পরে যেমন সতেজতা বোধ হয়, 'সিমরান' করার সময় চুল আঁচড়ানো ঠিক তেমনই প্রেম এবং পরিশ্রমের সাথে ক্ষেত চাষ করা এবং বীজ বপন করা। 'সোরঠি রাগে' শ্রী গুরু নানক দেব জি বলেছেন যে, মনকে চাষীর মতো উদ্যোগী করে, উচ্চ আচরণকে কৃষিকাজ বলে মনে করে, কঠোর পরিশ্রমকে 'সিমরন' ও 'নিতনেমের' (প্রাত্যহিক কর্ম) জলে পরিণত করে, নিজের শরীরকে ক্ষেত মনে করে, ভগবানের নামের বীজ বপন করে, উপরে সন্তুষ্টির বরফ ছিটিয়ে দেওয়া উচিত যাতে পাঁচ চোর এবং লোভী পাখি বীজ না খায়। যদি কেউ বিশ্বাসে পূর্ণ সরল ও সন্তুষ্ট জীবনযাপন করে, তাহলে ঈশ্বরের কৃপায় এই বীজ অবশ্যই বৃদ্ধি পায়। ক্রম হল:

মনু হালি কিরসানি করনি সরমু পাণি তনু খেতু।।
নামু বিজু সন্তোখু সুহাগা রখু গরিবি ভেসু।।
ভাজু করম করি জংমসি সে ঘর ভাগঠ দেখু।।

(অঙ্গ ৫৯৫)

চুল আঁচড়ানোর সময়, একই সাথে মনের মধ্যে চিরুনি ঘোরানো (প্রার্থনা) উচিত এবং যদি মনে কোনও নেতিবাচক চিন্তা থাকে, তবে তাও ফেলে দেওয়া উচিত। ভাই গুরদাস জি কবিতায় আরও বলেছেন যে, 'জট পাকানো চুল যেমন খুলে চিরুনি দিয়ে জট ছাড়িয়ে নেওয়া উচিত, তেমনি নেতিবাচক প্রবণতাগুলি পর্যবেক্ষণ করার সময়, শিখ গুরু সাহেবের দেওয়া 'গুরবানি' সম্পর্কে চিন্তা করা উচিত এবং মন থেকে অশুচিতা দূর করা উচিত এবং জগতে জড়িয়ে থাকা মনকে ওয়াহেগুরু জি-এর দিকে ঘুরিয়ে দেওয়া উচিত এবং নম্রতার গেরুয়া তিলক প্রয়োগ করা উচিত।' আদেশটি হল:

ককহি দৈ মাঙ্গ ঊরঝাএ সুরঝাএ কেস
কুঙ্কুম চন্দন কো তিলক দৈ ললার মৈ।।

(কবিতা ৩৪৭)

দিনে দুবার চুল আঁচড়ালে অনেক রোগ এবং ত্রুটি নিরাময় হয়। কিছুকাল আগে আমেরিকান শিখদের একটি জরিপে দেখা গিয়েছে যে 'সিমরন' করার সময় ধীরে ধীরে এবং ভালোবাসার সাথে চুল আঁচড়ালে হতাশা, চাপ, দুঃখ এবং উদ্বেগ ইত্যাদি অনেকাংশে নিরাময় হয়। 'সিমরন' করার সময় ভালোবাসার সাথে চুল আঁচড়াতে হবে। তাড়াহুড়ো করা উচিত নয়, সময় দিতে হবে এবং নিতে হবে এবং একই সাথে ওয়াহেগুরু-ওয়াহেগুরুর 'সিমরন' করা উচিত। দিনে দুবার চুল আঁচড়ানোর নির্দেশনা দেওয়া হয়েছে। ভাই নন্দ লাল জি রেহতনামা তঙ্কহনামায় বর্ণনা করেছেন:

কাংহা দোনো ভখত কর পাগ চুনহি কর বাঁধই।।
দাতন নিত করেয়ি ন দুখ পাভহি লাল জি।।১৩।।

চিরুনিটি যেন সঠিক আকারের হয়, যাতে তা চুল পরিষ্কারের কাজটি সঠিকভাবে করতে পারে। গলায় ছোট চিরুনি পরা চিহ্ন হিসেবে গ্রহণযোগ্য

নয়। চিরুনি পরিষ্কার-পরিচ্ছন্নতার প্রতীক এবং একজন শিখের জন্য, চিরুনিটি কেবল কাঠ দিয়ে তৈরি করা যেতে পারে। এটি সোনা, লোহা, রূপা বা প্লাস্টিক দিয়ে তৈরি করা উচিত নয়, এবং চুল আঁচড়ানোও উচিত নয়। দাড়িতেও চিরুনি ব্যবহার করা উচিত। চিরুনি সাজসজ্জার জন্য নয়। চিরুনি সুতো দিয়ে গলায় পরা যেতে পারে। প্রয়োজনে, অনেক 'কালগা সিংহ' তাদের পাগড়ির শেষ প্রান্তে চিরুনিটি বেঁধে চুল সাজায়। রাতে বিশ্রাম নেওয়ার সময়ও চিরুনিটি চুলের মধ্যে থাকা উচিত।

অনেক সময়, আমরা অন্যদের জিনিসপত্র এবং বিভিন্ন বস্তু ব্যবহার করা এড়িয়ে চলি, কারণ সেই গুলি অপরিচ্ছন্ন হতে পারে। সংক্রামক রোগের কারণে, চিরুনিগুলি ব্যক্তিগত রাখাও অপরিহার্য। নিজেদের মধ্যে ভাগাভাগি করেও ব্যবহার করতে বারণ করা হয়, কারণ এর অনেক ক্ষতিকারক প্রভাব থাকতে পারে।

চিরুনিটি ধুয়ে পরিষ্কার রাখা প্রয়োজন যাতে এটি সঠিকভাবে চুল পরিষ্কার করতে পারে। চুল শুকানোর সময়, চিরুনিটি কিছুক্ষণ পকেটে রাখা যেতে পারে। অনেক গুরু ভক্ত তাদের সাথে দুটি চিরুনি রাখেন, একটি পকেটে, যাতে কোনও কারণে বা ঘুমানোর সময় পাগড়ি থেকে পড়ে গেলে, স্বস্তি ব্যাহত না হয়। যদি চিরুনির কথা ভুলে যায়, তাহলে প্রার্থনা করা উচিত। চুল আঁচড়ানোর সময় বা কেশ বিন্যাসের সময়, শরীরের সাথে যোগাযোগ বজায় রাখার জন্য চিরুনিটি উরুতে রাখা যেতে পারে। যদি চিরুনির কোনও দাঁত আলগা হয়ে যায়, তাহলে চিরুনিটি বদলে নেওয়া উচিত।

চুল না আঁচড়িয়ে গুরুর দরবারে প্রবেশ করা উচিত নয়। ইতিহাস আমাদের বলে যে শ্রী গুরু গোবিন্দ সিং জি শিখদের সাথে শিকারে গিয়েছিলেন। অনেকক্ষণ পর, কোনও শিকার পাওয়া যায়নি। তারপর সৎ গুরু জি সমস্ত শিখদের জিজ্ঞাসা করলেন যে তারা 'নিতনেম' করেছেন কিনা। যখন সকলেই হ্যাঁ উত্তর দিলেন, তখন তিনি জিজ্ঞাসা করলেন যে সকলেই চুল আঁচড়িয়েছেন কিনা। একজন শিখ উত্তর দিলেন, "আমি তাড়াহুড়ো করে ভুলে গিয়েছিলাম।" সৎ গুরু জি তখন তাকে চুল আঁচড়িয়ে দিলেন।

কখনও কখনও, যখন আমরা বিভিন্ন বিষয়ের সাথে সংযোগ স্থাপন করি, তখন আমরা পুরোপুরি বুঝতে পারি যে ভাই নন্দ লাল জি'র

রেহতনামাতে এই ধারণাটি অর্থহীন যে চুল ছাড়া অন্য সমস্ত কক্কর অগ্রহণযোগ্য:

নিশানি শিখি ই পঞ্জ হরফি কাফ।
হরগিজু ন বাষদ ই পঞ্জ মুআফ।
কড়া কারদো কচ্ছ কঙঘা বিদান।
বিনা কেস হেচ অসত জুমলা নিশান।

চিরুনিটি চুলে শক্ত করে আটকে রাখতে হবে। চুলবিহীন ব্যক্তি, অর্থাৎ টাক পরা ব্যক্তি, চিরুনিটি কোথায় রাখবেন?

যখন চুলই থাকবে না, তখন চিরুনিটি কোথায় রাখবেন? চিরুনি এবং চুলের যত্ন পরিষ্কার-পরিচ্ছন্নতা এবং সুরক্ষার জন্য।

রেহতনামার মতো, গুর প্রণালীতেও বলা হয়েছে যে চিরুনি, কড়া এবং সমস্ত কক্কর ধারণ করা একজন শিখের পোশাককে শুভ করে তোলে:

গুরু গ্রন্থ সাহিব গুরু জানো। রহিত গুরু কী আগিআ মন।
রখ্খে কচ্ছ করদ অর কেশ। কঙেঘ কড়ে নাল ষুভ ভেস।

বিজ্ঞান আবিষ্কার করেছে যে মানুষের মস্তিষ্ক বিদ্যুতের মতো এবং চুল তার কোষের মতো, যা কেবল কাঠের চিরুনি দিয়েই আঁচড়ানো উচিত যাতে ইলেকট্রনিক সিস্টেমের বৈদ্যুতিক সংগঠন এবং সিস্টেম সুশৃঙ্খল থাকে। কাঠের চিরুনি ছাড়া অন্য কোনও চিরুনি চুলের মধ্য দিয়ে চালালে এই কোষগুলি ধ্বংস হয়ে যায়। মানুষের মাথায় বিদ্যুতের মতো শক্তি রয়েছে, মাথায় কাঠের চিরুনি রাখলে তা শান্ত থাকে। উদাহরণস্বরূপ: কাঠের প্ল্যাটফর্মে দাঁড়ালে কাঠের স্রোত বা প্রবাহও খুব বেশি ক্ষতি করে না। উদাহরণস্বরূপ, কাঠের প্ল্যাটফর্মে দাঁড়ানোর কারণে বিদ্যুতের প্রভাব হ্রাস পায়। একইভাবে, কাঠের চিরুনিও তার সম্পূর্ণ বৃত্ত, চক্র বা সার্কিট সম্পূর্ণ হতে দেয় না। এটি তা রোধ করে, যার ফলে বিদ্যুতের প্রভাবের ফলে সৃষ্ট ক্ষতি প্রতিরোধ করা সম্ভব হয়।

আমি এই ধরনের একটি ঘটনার কথা উল্লেখ করতে চাই: একজন শিখ খেলোয়াড় ক্রিকেট খেলছিলেন। হঠাৎ তার মাথায় একটি বল প্রচণ্ড জোরে আঘাত করে। কিন্তু তিনি চিরুনির জন্য বেঁচে যান। গুরুমুখ সাধুরা বলেন,

'যদি কখনও শক্তির অভাব বোধ করো, তাহলে 'সিমরান' জপ করার সময় স্নেহের সাথে চুল আঁচড়াও। তোমার ভেতরে শক্তি প্রবাহিত হতে শুরু করবে এবং তুমি নিজেকে শক্তিশালী বোধ করবে। যখন কেউ তাদের চুল (আকাশ, অলৌকিক, বৈকুণ্ঠ) (পৃথিবী, ভূমি এবং পৃথিবী) আঁচড়ায়, তখন পৃথিবী এবং আকাশ মিলিত হয়।'

সকল বিজ্ঞানীদের মধ্যে সর্বশ্রেষ্ঠ বিজ্ঞানী হলেন শ্রী গুরু গোবিন্দ সিং জি, যিনি এই চিরুনি উপহার স্বরূপ দিয়েছিলেন যাতে আপনি আপনার মনের জন্য নিজস্ব শক্তি তৈরি করতে পারেন। চিরুনিটি আপনার শরীরে স্বর্গীয় শক্তি আনার একটি মাধ্যম, যা আমাদের মাথার শক্তি কেন্দ্র, সৌর কেন্দ্র, যা পুরুষদের মাথার সামনের অংশে এবং কিছুটা মহিলাদের মাথার পিছনের দিকে অবস্থিত।

চিরুনিটি এই শক্তি কেন্দ্রের মাধ্যমে মনের মধ্যে এই শক্তি নিয়ে আসে। চিরুনিটিকে পৃথিবীর একটি অংশ হিসাবে বিবেচনা করা হয়, যা প্রাকৃতিক শক্তির মৌলিক উপাদান। চিরুনি আমাদের চুলকে সুন্দর রাখার এবং শরীরে শক্তি আনার জন্য তৈরি করা হয়েছে।

কাঠের চিরুনির আরও কিছু বৈশিষ্ট্য এবং বিশেষত্ব নিম্নরূপ:

- কাঠের চিরুনি দিয়ে চুল আঁচড়ালে দৃষ্টিশক্তির উন্নত ঘটে।
- মাথার রক্ত সঞ্চালন সুষম এবং সুস্থ থাকে।
- চুল সুস্থ, রেশমী নরম এবং চকচকে হয়ে ওঠে।
- চুলে ম্যাসাজের কাজ করে।
- মাথার ত্বকের লোমকূপ এবং ফলিকলের বৃদ্ধি উদ্দীপিত করে এবং বৃদ্ধি করে।
- চুলকে ধুলো, ময়লা এবং রাসায়নিক পদার্থ থেকে মুক্ত করে।
- চুলকে শক্তিশালী করে।
- চুল পরিষ্কার রাখে।
- উকুন, নিক ইত্যাদি চুলে জন্মায় না।
- চুল নরম রাখে।
- চুলকে পুষ্টি প্রদান করে।
- চুল স্বাভাবিক অবস্থায় থাকে।
- মাথার ত্বককে সুস্থ রাখে।
- মাথার ত্বকে ক্ষত বা দাগ সৃষ্টি করে না।

- কাঠের চিরুনি দিয়ে চুল আঁচড়ালে চুল লম্বা হয় এবং তার বিকাশ ঘটে।
- চুল পড়া বা ভেঙে যাওয়া রোধ করে।
- বায়ুমণ্ডলে বৈদ্যুতিক ব্যাঘাত এবং স্থির বৈদ্যতিক শক্তি থেকে রক্ষা করে।
- শুষ্কতা রোধ করে।
- গ্রীস এবং ময়লা থেকে রক্ষা করে।
- চুলে জট না পাকালে তা সতেজ থাকে।
- সহজেই জট ছাড়ায়, এবং সতেজতা ফিরিয়ে আনে।
- শুষ্ক মাথার ত্বকের কারণে সৃষ্ট খুশকি এবং আঠালো ভাব থেকে তার থেকে চুলকে রক্ষা করে। কাঠের ব্রাশটি আলতো করে মাথার ত্বকে ম্যাসাজ করতে সাহায্য করে। স্বাভাবিক অবস্থায় ফিরে আসার ফলে মাথার ত্বকে তৈলাক্ত প্রবাহ সক্রিয় হয়, খুশকি দূর হয়।
- চুল আবার প্রাণ ফিরে পায়।
- কাঠের ব্রাশ দিয়ে চুল আঁচড়ালে মাথার ত্বকে ম্যাসাজ হয়, যা মাথার ত্বকের তন্তু এবং স্নায়ুগুলিকে উল্লেখযোগ্যভাবে শিথিল করে এবং আমাদের মানসিক অবস্থাকেও উল্লেখযোগ্যভাবে শান্ত করে।
- লম্বা চুল আঁচড়ানো, বিশেষ করে কাঠের চিরুনি দিয়ে, বিশেষভাবে কার্যকর কারণ এটি জট এবং গিঁট দ্রুত দূর করতে সাহায্য করে, যার ফলে চুল স্বাস্থ্যকর, নরম এবং সুন্দর দেখায়।
- ব্লো-ড্রাই করার সময়, কাঠের চিরুনি প্লাস্টিক বা লোহার চিরুনির মতো গরম হয় না, যা অস্বস্তির কারণ হতে পারে।
- হোলিস্টিক বিউটিশিয়ানরা কাঠের চিরুনি ব্যবহার করার পরামর্শ দেন এবং প্লাস্টিক বা লোহার চিরুনি ব্যবহার করতে নিষেধ করে কারণ কাঠের চিরুনি ব্যবহার কেবল মাথাতেই আরাম এবং প্রশান্তি দেয় না বরং শরীরের বাকি অংশে, বাহ্যিক এবং অভ্যন্তরীণ উভয় ক্ষেত্রেই আরাম, প্রশান্তি এবং শিথিলতার অনুভূতি নিয়ে আসে।
- কাঠের চিরুনি শক্তিশালী, শক্ত এবং দীর্ঘস্থায়ী হয়, যা লোহা বা প্লাস্টিকের চিরুনির তুলনায় এর ব্যবহারকে আরও আরামদায়ক করে তোলে। এটি খরচও কমায়।

- একজন মা স্নেহের সাথে তার সন্তানের চুল আঁচড়ান, কাঠের চিরুনি তেমনি বোধ করায়, প্লাস্টিক বা লোহার চিরুনি তেমন বোধ করায় না, তেমন প্রভাব সৃষ্টি হয়না।
- কাঠের চিরুনি দিয়ে চুল আঁচড়ালে কোনও অ্যালার্জির প্রতিক্রিয়া বা অন্য কোনও পার্শ্বপ্রতিক্রিয়া হয় না। অতি সংবেদনশীলতাও খুব কম বা একেবারেই থাকে না, যা প্রায়শই লোহা বা প্লাস্টিকের চিরুনি দিয়ে ঘটতে পারে। সবার মাথার ত্বক সুষম এবং স্বাভাবিক থাকে না। অনেকের মাথার ত্বক অত্যন্ত সূক্ষ্ম এবং ভঙ্গুর হয় এবং লোহা বা প্লাস্টিকের চিরুনি বিশৃঙ্খলা, রোগ এবং অনিয়ম সৃষ্টি করতে পারে। তবে, কাঠের চিরুনি প্রাকৃতিক হওয়ায়, মাথার ত্বক ক্ষতিগ্রস্ত হওয়ার, ফেটে যাওয়ার বা ফোঁড়া হওয়ার সম্ভাবনা খুব কম।

চুলের স্টাইলের জন্য, উত্তপ্ত সরঞ্জামের ব্যবহার কমানো উচিত। এই উত্তপ্ত স্টাইলিং সরঞ্জামগুলি চুলের জন্য অনুপযুক্ত এবং তা মাথার ত্বকের উল্লেখযোগ্য ক্ষতি করতে পারে। চুল বিশেষজ্ঞরা যতটা সম্ভব চুল পিছনের দিকে আঁচড়ানোর বিরুদ্ধে পরামর্শ দেন, কারণ এতে অতিরিক্ত চুল পড়া বা এপিডার্মিসের ক্ষতি হতে পারে। আমাদের মাথার ত্বকের নীচে অবস্থিত একটি ফ্যাটি গ্রন্থি, সেবাসিয়াস গ্রন্থি, সিবাম (তেল) তৈরি করে এবং ছেড়ে দেয়, একটি পদার্থ যা কাঠের চিরুনি দক্ষতার সাথে বিতরণ করে, এবং তা চুল জুড়ে ছড়িয়ে দেয়, এমন একটি কৃতিত্ব লোহা বা প্লাস্টিকের চিরুনির মধ্যে দেখা যায় না। এটি কিছু ব্যক্তির ক্ষেত্রে বেশি স্পষ্ট এবং অন্যদের ক্ষেত্রে কম স্পষ্ট হতে পারে, তবে এটি সম্পূর্ণ প্রাকৃতিক। একটি কাঠের চিরুনি এটি আরও যত্ন এবং স্বাচ্ছন্দ্যে পুরো চুলে পৌঁছে দেয়, যেমন ক্ষেতে লাঙ্গল চাষ করার সময় হয়ে থাকে।

পৃথিবীতে অনেক ধরণের কাঠের চিরুনি পাওয়া যায়। কিছুর খুব সূক্ষ্ম ব্রিস্টল থাকে, আবার কিছুর ব্রিস্টল স্বাভাবিকের চেয়ে চওড়া হয়। একইভাবে, চিরুনি বিভিন্ন রকম গাছের কাঠ দিয়ে তৈরি করা হয়, যেমন চন্দন কাঠ, তাহলি, কুল গাছ, গোলাপ কাঠ, রোজউড এবং আরও অনেক প্রকারের গাছের কাঠ। প্রত্যেকের নিজস্ব ব্যক্তিগত পছন্দ থাকতে পারে, কেউ কেউ সূক্ষ্ম ব্রিস্টল বা ঘন ব্রিস্টলযুক্ত চিরুনি পছন্দ করেন, তবে রাহাতে কেবল কাঠের চিরুনির উল্লেখ করা হয়েছে।

শ্রী গুরু গোবিন্দ সিং জির প্রিয় কবি ভাই নন্দ লাল জি তাঁর কাব্যিক স্বরে গুরু সাহেব জির চুল আঁচড়ানোর সাথে বাতাসের বর্ণনা দিয়েছেন এবং মনে করেন যে এটি শিষ্যের জন্য একটি দুর্দান্ত শিকলের মতো প্রভাব তৈরি করে। অর্থ: যখন সকালের বাতাস চুলের কুণ্ডলীগুলিকে আঁচড়ায়, তখন প্রিয় শিষ্য অন্য কোথাও তাকাতে পারে না। গজল নং ২০-এ তিনি বলেছেন:

সাবা চুন হলকাহাঐ জুলফি ঊ রা শানহ মে সাজদ।।

আজব জঞ্জির অজ বহিরে দিল দিওয়ানাহ মে সাজদ।। ১।।

ঠিক যেমন একজন পুরুষ একজন নারীর চুলের কুণ্ডলী দেখে তার অস্থির মন তার প্রেমের বশীভূত করে, ঠিক তেমনি, যখন আধ্যাত্মিকতার প্রেমীরা ব্রহ্ম মুহূর্তের সময় প্রকৃতির যৌবন পর্যবেক্ষণ করে, তখন প্রিয় বাতাস গাছপালাকে সাজিয়ে তোলে, এক মনোমুগ্ধকর দৃশ্য তৈরি করে। এই সৌন্দর্য দেখে প্রেমিকরা সেই মনোমুগ্ধকর প্রেমিকার ধ্যানে মগ্ন হয়ে ওঠে।

কাঠের চিরুনি অত্যন্ত উপকারী। এর কয়েকটি গুণ উল্লেখ করার চেষ্টা করা হয়েছে, তবে সবচেয়ে গুরুত্বপূর্ণ হল সৎগুরু আমাদের এই উপহার দিয়েছেন, যা আমরা শ্রদ্ধার সাথে আমাদের মাথায় প্রেমের প্রতীক হিসেবে পরি, প্রতিদিন দুবার এটি দিয়ে আমরা চুল আঁচড়াই। সৎগুরু নিজেই চিরুনির অন্যান্য গুণাবলী সম্পর্কে আরও জানতেন, তাই তো তিনি আমাদের এত মহান উপহার দিয়েছেন।

রেহতনামা এবং শিখ ইতিহাসের অনেক জায়গায়, শিখদের চিরুনি দান এবং বিতরণ করাকে একটি অত্যন্ত পুণ্যময় এবং ফলপ্রসূ কাজ হিসাবে বর্ণনা করা হয়েছে। একইভাবে, খালসা শতকে, ভাই বুদ্ধ সিং চিরুনির মাহাত্ম্য বর্ণনা করেছেন:

দেন দেয়ি গুরশিখ কো প্রীতি করৈ শিখ সঙ্গী।

কাংহা ভোজন শিখ দেই সো খালসা ঊমঙ্গ।। ৯৩।।

কড়া (লোহার মোটা বালা)

সৎগুরু জীর প্রদত্ত আশীর্বাদের মধ্যে অন্যতম হল 'কড়া' (লোহার তৈরী মোটা বালা)। ব্রেসলেটটি কেবল লোহা দিয়ে তৈরি করা উচিত; সোনা, রূপা বা অন্য কোনও ধাতু দিয়ে নয়। বৈজ্ঞানিকভাবে, লোহাকে জীবন্ত ধাতু হিসাবে বিবেচনা করা হয়। ইস্পাতকে জীবিত নয়, বরং মৃত বলে মনে করা হয় কারণ এটি দুটি ধাতুর মিশ্রণে তৈরি হয়। প্রথমে বিবেচনা করা যাক কীভাবে একটি 'কড়া' তৈরি করা হয়।

প্রাথমিকভাবে, কাঁচা লোহা লম্বা লোহার তারের আকারে থাকে, যা পরে লম্বা স্প্রিংয়ে পরিণত হয়। এই স্প্রিংগুলি প্রায় হাতের আকারের হয়। তারপর, এই স্প্রিংগুলিকে মেশিনেই সাহায্যে মাঝখান দিয়ে কেটে একটি একক গোলাকার রিং তৈরি করা হয়। এই রিংগুলিকে একটি হাতুড়ি দিয়ে সোজা করা হয়, যাতে তাদের প্রান্তগুলি মিলে যায়। প্রান্তগুলি সারিবদ্ধ করার পরে, দুটি প্রান্ত একসাথে ঢালাই করা হয়, একটি জয়েন্টের সাহায্যে একটি একক গোলাকার রিং তৈরি করা হয়। এই ওয়েল্ডিং জয়েন্টটি দূর করতে এবং চুড়িতে কারুকার্যের জন্য, এটি একটি লেদ-মেশিনের দেওয়া হয় এবং এর উপরের আবরণটি ঘষা হয়, ফলে চুড়িটি তার আসল আকার প্রাপ্ত করে এবং যেকোনও ঢালাইয়ের চিহ্ন মুছে ফেলা সম্ভব হয়। এই কাজটি অত্যন্ত নির্ভুল ভাবে এবং দক্ষতার সাথে করা হয়।

একবার 'কড়া'টি লেদ দিয়ে ঘষার পর, এর বাইরের চেহারা ফিরে আসে, কিন্তু এর ভেতরের পৃষ্ঠ এখনও রুক্ষ থাকে। তারপর এটি লেদ দিয়ে পুনরায় ঘষা হয় এবং ভেতর থেকে খোসা ছাড়ানো হয়। অবশেষে, খোসা ছাড়ানোর প্রক্রিয়ার পরে, এটি ঘষা হয়, যা এটিকে পালিশ করে চকচকে করে তোলা হয়। এখন এটি তার নিখুঁত আকার লাভ করে, যা আমরা আমাদের কব্জিতে পরি। এই কড়াগুলি বিভিন্ন আকারে তৈরি করা হয় এবং প্রতিটি ব্যক্তির পছন্দ এবং চাহিদা অনুসারে পুরু, মাঝারি এবং পাতলা

আকারেও পাওয়া যায়। দীর্ঘদিন ব্যবহারের পরে যাতে মরিচা না ধরে, তা রোধ করার জন্য সমস্ত লোহার 'কড়া'-তে তেলও লাগানো হয়।

অনেক ধরণের 'কড়া' দেখা যায়, অনেক ক্ষেত্রে জপের পুঁতি লোহার চুড়িতে রাখা হয় (ঢালাই করার আগে এটিতে রাখা হয়)। অনেকে 'চক্কর কড়া' পরেন, যা একটি বৃত্তের মতো, যেমন অনেক 'নিহঙ্গ সিং' তাদের পাগড়িতে 'চক্কর' পরেন, কিন্তু এটি হাতে পরার জন্য তৈরি করা হয়। অনেকে অর্ডার দেন এবং তাদের পছন্দ বা নকশা জানান এবং সেই অনুযায়ী 'কড়া' তৈরি করান। অনেকে এত মোটা চুড়ি পরেন যে তাদের ওজন খুব ভারী হয়ে যায়। অনেকে আধা কেজি পর্যন্ত ওজনের চুড়ি পরেন। যারা চুড়ি তৈরি করেন তাদের বেশিরভাগই গ্লাভস পরেন যাতে কোনও লোহার খোঁচা বা অবশিষ্টাংশের জন্য তাদের কেটে না যায়, অনেকে সুরক্ষার জন্য মুখোশও পরেন।

সাধারণত, ডান হাতে 'কড়া' পরা হয়, তবে অনেকেই এটি উভয় হাতেই পরেন কারণ এই 'কড়া' খাঁটি লোহা দিয়ে তৈরি এবং বিশ্বাস করা হয় যে এর মাধ্যমে লোহাকে রক্ষা করা হচ্ছে। গুরুর দর্শনের গুণাবলী এবং শিখদের উপর প্রদত্ত বর প্রত্যক্ষ করার পরে, শ্রবণ করার পরে এবং পরীক্ষা করার পরে, মন এবং মাথা শ্রী গুরু সাহেবের পায়ে নত হয়। যদিও আমরা আমাদের নিজস্ব বোধগম্যতার উপর ভিত্তি করে কেবল কয়েকটি গুণ বিবেচনা করতে পারি, গুরু নিজেই সমস্ত গুণাবলী জানেন।

লোহার একটি বিশেষ গুণ হল এটি ভূত এবং অশুভ আত্মাদের তাড়ায়। যারা খাঁটি লোহার চুড়ি পরেন তারা এই গুণাবলী দ্বারা প্রভাবিত হন না, বিশেষ করে যদি তারা সাবধানতার সাথে আচার-অনুষ্ঠান পালন করেন। অন্যান্য ধর্মের মহিলারাও প্রায়শই গুরুদ্বারে যান এবং যে শিশুরা রাতে ভয় পায় তাদের জন্য লোহার 'কড়া' চান, কারণ লোহার 'কড়া' তাদের রক্ষা করে।

যখন শ্রী গুরু গোবিন্দ সিং জি মহারাজ অকাল উস্তাতির বাণী পাঠ করেন, তখন তা এভাবে শুরু হয়:

সতীগুরু প্রসাদী। অকাল ঊসতত।।

শ্রী ভগঊতী জী সহায়ি।

ঊতার খাসে দসখত কা।। পাতিশাহী।।১০।।

অকাল পুরখ কী রচ্ছা হমন্যা।।
সরব লোহ দি রছিয়া হমন্যা।।
সরব কাল জী দি রছিয়া হমন্যা।।
সরব লোহ জী দি সদা রছিআ হমন্যা।।

এর পরে, তিনি "তব প্রসাদী" চৌপাই শুরু করেন। গুরু সাহেব জি 'সর্ব লোহ জি'-র সুরক্ষা বর্ণনা করেন এবং 'সর্ব লোহকে' ঈশ্বরের মতো সম্মান করেন। শ্রী গুরু গোবিন্দ সিংহ জি-র বাণীর একটি সংগ্রহও রয়েছে, 'সর্ব লোহ গ্রন্থ', যা দশম গ্রন্থ থেকে পৃথক। 'সর্ব লোহ গ্রন্থে'ও প্রচুর জ্ঞান রয়েছে, তবে প্রাচীন ধর্মগ্রন্থ অধ্যয়ন করা প্রয়োজন, এবং বিশেষ করে শ্রী গুরু গ্রন্থ সাহেব জি-র অধ্যয়ন এবং ধ্যান করার আগ্রহ তৈরি করা দরকার।

অনেকে কঠোর পরিশ্রম করে এবং সর্ব লোহ পাত্রে সজ্জিত প্রসাদ খান, এবং শিল্পের অনেক অনুশীলনকারীদের দর্শনী নিহং সিং বলা হয়। কিন্তু এই পথ অত্যন্ত কঠিন। এটিকে জ্ঞানের রক্ষক, 'সরব লোহকা পহরা' বলা হয়।

ঠিক যেমন অশুভ আত্মারা লোহার বালা এবং তরবারি দেখে ভয় পায়, এবং অনেক লোক যারা 'কালা জাদু' জানে তারাও এটি খুব ভালো করেই জানে এবং তাদের প্রভাব অর্জনের জন্য, মানুষকে ফাঁদে ফেলার জন্য, তারা তাদের বালা খুলে ফেলে এবং তাদের নিজস্ব তাবিজ এবং সুতো ইত্যাদি পরতে বাধ্য করে, তাদের নিয়ন্ত্রণে আনে এবং বিভিন্নভাবে তাদের অপব্যবহার করে। কিন্তু যারা 'রহত' রাখে, 'নিতনেম' করে, লোহার বালা পরে, তাদের উপর 'কালা জাদুর' কোনও প্রভাব পড়ে না এবং কোনও অশুভ আত্মা তাদের উপর কোনও খারাপ প্রভাব ফেলতে দেয় না।

যেমন অনেকে শুভ কাজ, বিবাহ ইত্যাদির সময় সুতো বা 'গানা' বেঁধে থাকেন, যা ক্ষণস্থায়ী, কিন্তু শ্রী গুরু সাহেব জির কড়া হল একটি 'শহীদি গানা' যা চিরকাল ধরে বাঁধা থাকে, যা দশটি নখ কাটা এবং খাবার ভাগ করে খাওয়াকে অনুপ্রেরণা জোগায়। একই সাথে, তিনি হাত ধরে সাধু-সঙ্গে যেতে এবং সেবা করার পরামর্শ দেন।

অনেকের শরীরে আয়রনের ঘাটতি থাকে এবং সেই ঘাটতি পূরণের জন্য তাদের আয়রনের ট্যাবলেট খেতে হয়। যারা 'সরব লোহা কড়া' পরেন তারা এই ঘাটতি কম অনুভব করেন, কারণ এই কড়া কব্জিতে ঘষার ফলে

সেই শক্তি পিত্তে পৌঁছায় এবং শক্তি দেয় এবং কড়া আয়রনের পরিপূরক সরবরাহ করে তৃপ্তি প্রদান করে। সাধারণত, আয়রনের ট্যাবলেটের প্যাকেটের উপর এই ধরণের উপকারিতাও লেখা থাকে যে এই ট্যাবলেটগুলি ক্যান্সারের বিরুদ্ধে কাজ করে, ঘুম আনতে সাহায্য করে এবং শান্তি ও শিথিলতা প্রদান করে। রক্তাল্পতায় ভুগছেন এমন রোগীদের ডাক্তাররা এগুলি খাওয়ার পরামর্শ দেন।

লোহার একটি বিশেষ গুণ আছে যা আপনাকে নেতিবাচকতা থেকে রক্ষা করে। ইতিহাস অধ্যয়ন করলে দেখা যায় যে, প্রাচীনকাল থেকেই লোহার গয়না পরা হয় এবং এটিকে আধ্যাত্মিক ও আত্মার ঢাল হিসেবেও বিবেচনা করা হয়। লোহা শক্তি, সাহস এবং দৃঢ় সংকল্পের সাথে যুক্ত। লোহা সাহস এবং শক্তি প্রদান করে বলে জানা গিয়েছে। আপনার লক্ষ্য ও উদ্দেশ্য অর্জনের জন্য এবং আপনার স্বপ্নকে বাস্তবে রূপ দেওয়ার জন্য লোহাকে আপনার প্রাণশক্তিকে কেন্দ্রীভূত করার জন্য একটি বিশেষ সঙ্গী হিসেবে বিবেচনা করা হয়। যারা বড় বড় যুদ্ধে জয়ী হয়েছেন অথবা দৃঢ় বিশ্বাসের সাথে নেতা হয়ে উঠেছেন তাদের লৌহ পুরুষ বলা হয়।

লোহাকে পৃথিবীর রক্তও বলা হয় কারণ পৃথিবীর একেবারে কেন্দ্রে অবস্থিত গলিত লাভা প্রায় সম্পূর্ণরূপে গলিত লোহা দিয়ে গঠিত। লোহার উল্লেখ দুটি অত্যন্ত হিংস্র কুকুর দ্বারাও উল্লেখ করা হয়েছে এবং প্রমাণিত হয়েছে, রটওয়েলার এবং মাস্টিফ, যারা অত্যন্ত অনুগত, শক্তিশালী এবং নির্ভীক। লোহা আপনার আত্মসম্মান এবং আত্মবিশ্বাসও বৃদ্ধি করে। লোহা আপনার শরীরকে শক্তি প্রদান করে, তবে এটি পরিধানকারীকে নেতিবাচকতা থেকেও রক্ষা করে। জ্যোতিষীরা আরও নিশ্চিত করেন যে যারা 'কড়া' বা অন্যান্য লোহার জিনিস পরেন তারা শনিদেবের থেকে সুরক্ষিত থাকেন, কারণ শনি গ্রহও লোহা গ্রহণ করে। এই বিষয়ে আরও বিস্তারিত জানার জন্য, আমার "সাত ভার" বইটি পড়ে দেখুন।

'সরব লোহা কড়া' পরিধানকারীকে শক্তি, মানসিক ভারসাম্য এবং একাগ্রতা প্রদান করে। এটি একজন সৈনিক বা সিপাহীর মতো কাজ করে যা কব্জিতে ধারণ করা হয়, আপনার আভা থেকে নেতিবাচক শক্তিকে বিচ্যুত করে। 'সরব লোহা কড়া' শক্তি কেন্দ্রীভূত করে এবং পরিধানকারীকে স্থিতিশীলতা প্রদান করে, ক্ষতি বা বাধা-বিপত্তি প্রতিরোধ

করে। 'সরব লোহা কড়া' হল এমন একটি আভূষণ যা অত্যন্ত শক্তিশালী এবং কার্যকর, একই সাথে সুন্দর, ভক্তিমূলক এবং শ্রদ্ধাশীল।

'সরব লোহা' নিজেই একটি সম্পূর্ণ উপাদান। এটি ইলেকট্রন বা বৈদ্যুতিক পরমাণু শোষণ বা বিতরণ করে না। এটি বিশুদ্ধ প্রাকৃতিক শক্তি, সহজাত শক্তি এবং চৌম্বক, একটি সাধু প্রকৃতির মতো। এর পরোক্ষ শক্তি পরিধানকারীকে প্রভাবিত করে এবং তারা এক হয়ে যায়। বিজ্ঞানও লোহাকে একটি সম্পূর্ণ উপাদান হিসাবে স্বীকৃতি দিয়েছে। 'সরব লোহা কড়া' অসীম, শাশ্বত, পরম সত্তার সাথে সংযোগ এবং মিলনের প্রতীক। এই 'কড়ার' বৃত্তাকার বৃত্ত আমাদেরকে সেই সত্তার সাথে সংযুক্ত করে যার কোনও শুরু বা শেষ নেই, যেমনটি মূল মন্ত্রে বলা হয়েছে:

আদি সচু জুগাদি সচু।। হ্যায় ভী সচু নানক হোসি ভি সচু।।১।।

প্রাচীনকাল থেকেই এটি প্রতীকীভাবে পরমেশ্বরের সাথে সম্পর্কিত, এবং সেই পরমেশ্বরের ঐক্য ও একত্ববোধ একটি অটুট বন্ধন স্থাপন করে। কড়ার কোনও শুরু বা শেষ নেই; এটি গোলাকার এবং এর কোনও ধার নেই। এটি শিখ ভ্রাতৃত্ব এবং শিখ সমাজের একটি চিরন্তন প্রতীক এবং প্রতীক হিসাবে, এটি খালসা ভ্রাতৃত্বের মধ্যে একটি শৃঙ্খলের মতো সম্প্রীতি এবং সমন্বয় স্থাপন এবং বজায় রাখে। এই 'সরব-লোহা কড়া' অভ্যন্তরীণ এবং বাহ্যিকভাবে সুরক্ষা এবং শক্তি প্রদান করে। এটি অভ্যন্তরীণ, শারীরিক এবং বাহ্যিক সমস্যা থেকে সুরক্ষা প্রদান করে। তদুপরি, এটি একটিও কথা না বলে একে অপরকে একই সম্প্রদায় এবং ভ্রাতৃত্বের সদস্য হিসেবে ঘোষণা করে।

শব্দের গতির কথা বলা হলেও, এটি শব্দ তরঙ্গ এবং বাতাসের মধ্য দিয়ে তরঙ্গের চলাচলের একটি পরিমাপ, পদার্থ এবং অ-উদ্বায়ী পদার্থের মধ্য দিয়ে শব্দের গতি পরিবর্তিত হয় বলে প্রমাণিত হয়েছে। শব্দের গতি জলের মধ্য দিয়ে ৪.৩ (১৪৮৪ মি/সেকেন্ড) গুণ বেগে ভ্রমণ করে। এই কারণেই গুরুত্বপূর্ণ গুরুদ্বারগুলিতে জলের ট্যাঙ্ক রয়েছে এবং স্নান অপরিহার্য বলে বিবেচিত হয়, বিশেষ করে যখন স্নানের সাথে গান বা উচ্চস্বরে আবৃত্তি করা হয়। গুরবানীতে অসংখ্য শ্লোক রয়েছে যা স্নানের গুরুত্বের উপর জোর দেয়। এখানে দুটি উদাহরণ দেওয়া হল:

করি ইসনানু সিমরি প্রভু অপনা মন তন ভএ অরোগা।
কোটি বিঘন লাথে প্রভ সরণা প্রগতে ভলে সঞ্জোগা।।

(অঙ্গ ৬১১)

রামদাস সরোবরি নাতে।। সমি উতরে পাপ কমাতে।।
নিরমল হোয়ি করি ইসনানা।। গুরি পূরৈ কিনে দানা।।

(অঙ্গ ৬২৫)

শব্দ লোহার মধ্য দিয়ে ১৫ গুণ দ্রুত গতিতে ভ্রমণ করে (৫১২০ মি/সেকেন্ড)। আমাদের হৃৎপিণ্ডের কেন্দ্রীয় ধমনী আমাদের কব্জির মধ্য দিয়ে যায় এবং আমাদের কব্জির স্নায়ুগুলি লোহার বালার স্পর্শে গ্রহণযোগ্য হয়ে ওঠে এবং এটিকে আমাদের শরীর শোষণ করে, এইভাবে স্বাগতপূর্ণ অঙ্গভঙ্গির মাধ্যমে এটিকে স্বাগত জানায়। এই বালা পরিধানকারী, যিনি হৃদয় থেকে পাঠ করেন এবং প্রার্থনা করেন, তার নাগাল ১৫ গুণ দ্রুত বৃদ্ধি পায়, যেন আপনি একটি বড় মাইক্রোফোনের মাধ্যমে একটি বার্তা দিচ্ছেন। লোহা পৃথিবীর এক ধরণের বিশেষ মন্ত্র কারণ পৃথিবীর গলিত লাভা হল মধ্যম স্তর এবং সেখানে লোহা তরল আকারে থাকে, তাই লোহার বালাটি আমাদের সাথেসাথে পৃথিবীর উপরিভাগেরও সেবা করে।

লোহায় চৌম্বকীয় গুণ থাকে, এবং এর সাথে সংযুক্ত থাকার মাধ্যমে, আপনি পরোক্ষভাবে চৌম্বকীয় হয়ে ওঠেন। এটি আমাদের গুরু সাহেবের সাথে আবদ্ধ করে। অতএব, একজনের নিজের বালার যত্ন নেওয়া উচিত। লোহা শব্দ এবং কম্পন ধারণ করে এবং শোষণ করে। যখন আপনি 'সিমরান' করেন বা বাণী পাঠ করেন, তখন আপনি আপনার বালাটিকে চার্জ করেন। অতএব, লোহার বালাটি পরিষ্কার রাখাও গুরুত্বপূর্ণ। এর জন্য, এটি বালি বা কাদা দিয়ে পরিষ্কার করা উচিত এবং তারপর জল দিয়ে ধুয়ে ফেলা উচিত। এটি করার সময়, তাকে ওয়াহেগুরুর নাম জপ চালিয়ে যেতে হবে। লোহা একটি সম্পূর্ণ পবিত্র উপাদান; বলা যেতে পারে যে এটি বাণীর ভাণ্ডার। এটি একজন মহান পবিত্র শিক্ষক এবং একজন পবিত্র রক্ষকের মতো।

লোহা আমাদের স্বাস্থ্যকে পূর্ণ করে, সম্পূর্ণরূপে পুনরুজ্জীবিত করে এবং আমাদের শ্বাস-প্রশ্বাসকে সতেজ করে। রক্তের হিমোগ্লোবিন উপাদানের অংশ হিসেবে, আয়রন আমাদের শরীরের কোষগুলিতে

অক্সিজেন সরবরাহ করে। অক্সিজেন প্রতিটি শ্বাসকে পুনরুজ্জীবিত করে। এই প্রক্রিয়ার মাধ্যমে, আয়রন বাতাসের চলাচলের সুপরিবাহী হিসেবে কাজ করে। আয়রন আমাদের রোগের বিরুদ্ধে লড়াই করার ক্ষমতা আরও বৃদ্ধি করে এবং বৈজ্ঞানিকভাবে অ্যান্টিবডি তৈরি করে, যা সংক্রামক রোগ এবং অন্যান্য ক্ষতিকারক প্রভাবের বিরুদ্ধে লড়াইয়ে গুরুত্বপূর্ণ ভূমিকা পালন করে।

গুরুমুখ সাধুরা কড়াকে বায়ুর প্রাকৃতিক শক্তির একটি অংশ বলে মনে করেন। কড়া আমাদের জীবন, আমাদের জীবনীশক্তি এবং ঈশ্বরের অনন্ত ও বিশালতার প্রতীক। কড়া বলেন, 'হে মানুষ! আমাকে পরিধানকারী ব্যক্তি তার সমস্ত কাজ এবং কার্যকলাপ করার সময় নিজেকে স্রষ্টার সেবায় সমর্পণ করুন।' বাণীতে, বায়ুকে গুরু বলা হয়েছে। 'হে প্রিয়! গুরু তোমাকে প্রেমের শৃঙ্খলে বেঁধেননি, তিনি তোমাকে কড়া পরিয়েছেন, দেখো যেন কড়া পরে রাখা হাত দিয়ে তুমি কোনও অন্যায় কাজ না করো।'

বিশ্বব্যাপী পুলিশ অফিসাররা যেমন অপরাধীদের হাতকড়া পরিয়ে দেন যাতে তারা পালিয়ে না যায়, তেমনি আমাদেরও বুঝতে হবে যে, সৎগুরু ইতিমধ্যেই আমাদের উপর ভালোবাসার শৃঙ্খল পরিয়ে দিয়েছেন। 'হে শিখ! এই হাত দিয়ে কোনও অন্যায়, চুরি, চালাকি বা প্রতারণা করো না। মিথ্যা স্বাক্ষর করো না, অথবা মিথ্যা আঙুলের ছাপ ব্যবহার করো না। এই হাত দিয়ে সঙ্গতের সেবা করো, তা সে লঙ্গর তৈরি কড়া হোক বা বিতরণ করা, পাখার বাতাস, জুতা ধোওয়া বা অন্য কোনও সেবা করুক, এবং তোমাদের হাতকে সফল করো।' যে শিখরা কড়া পরে, তারা এক অর্থে গুরু সাহেবের কাছ থেকে একটি সতর্কবাণী: "তোমার যেকোনও কাজ যেন আমাকে (গুরু জি) বিব্রত না করে।" বাস্তবে, আমরা শুনি এবং দেখি যে, যদি কেউ ঘৃণ্য বা খারাপ কাজ করে, তাহলে তাদের পিতামাতাকেও অসততা এবং অসম্মান সহ্য করতে হয়। একইভাবে, যদি একজন 'রহত শিখ' কোনও খারাপ কাজ করে, তাহলে বিশ্ব এই ব্যক্তির গুরু কেমন হবে তা বলার সুযোগ পাবে।

ঠিক যেমন ঘোড়াগুলিকে লাগাম দেওয়া হয় এবং মুখে লাগাম থাকার কারণে ঘোড়া নিয়ন্ত্রণের বাইরে যায় না। যখন ইচ্ছে, লাগাম টেনে ধরতে পারেন অথবা ধীরে ধীরে থামাতে পারেন। একে নিয়ন্ত্রণে রাখার জন্য একটি চাবুকও আছে। একইভাবে, গুরুমুখ শিখরা মনে করেন যে যখন

হাত নড়ানোর ফলে বালাটিও এদিক ওদিক ঘোরে, তখন বুঝতে হবে যে গুরু সাহেব জি স্নেহের সাথে বলছেন, "হে শিখ! এই হাতগুলি অন্যের সম্পদ তোলার জন্য নয় বরং তা ত্যাগ করার জন্য ব্যবহার করা উচিত।" রাগ ভডহংসে, চতুর্থ সৎগুরু জি ঘোরিয়ান শিরোনামে এই শব্দগুলি উচ্চারণ করেছেন:

কদিয়ালু মুখে গুরি গিয়ানু দ্রিড়ায়িআ রাম।।
তনি প্রেমু হরি চাবকু লায়িআ রাম।।

(অঙ্গ ৫৭৫)

বালা আমাদের অন্যের সম্পদ ত্যাগ করার কথা মনে করিয়ে দেয়। গুরবানীতে অন্যের সম্পদ এবং অন্যের দেহ ত্যাগ করার জন্য অসংখ্য আদেশ রয়েছে। এখানে দুটি উদাহরণ দেওয়া হল:

পর ধন পর দারা পর নিন্দা ইন সিউ প্রীতি নিভারি।।
চরন কমল সেভি রিদ অন্তরি গুর পুরে কৈ আধারি।।

(অঙ্গ ৩৭৯)

পর ধন পর দারা পরহরি।।
তা কৈ নিকটি বসৈ নরহরি।।

(অঙ্গ ১১৬৩)

বালা হল একটি বন্ধন, একটি প্রতিশ্রুতি, কিন্তু এটি অন্যান্য বন্ধন ভাঙার জন্য তৈরি, কারণ পাপগুলি গলায় শিকলের মতো আটকে থাকে। সৎগুরু জি বলেছেন যে, যদি কারো মধ্যে সদগুণ থাকে, তাহলে সে ভাইয়ের মতো শিকল ভেঙে তাকে মুক্ত করে। আদেশটি হল:

নানক অগুণ জেতড়ে তেতে গলি জঞ্জির।।
জে গুণ হোনি ক কটিঅনি সে ভাই সে বীর।।

(অঙ্গ ৫৯৫)

নিজেকে নিয়ন্ত্রণে রাখা, অর্থাৎ অন্য ভাবে বলা যায়, সত্যের হাতকড়া পরিয়ে, যা শক্তি, সত্য এবং সততার প্রতীক, এবং বালা আমাদের এই কথা মনে করিয়ে দেয়। অনেক পুরাতন এবং বর্তমান শিখও বালার উপর

গুরুমন্ত্র বা মূল মন্ত্র খোদাই করে থাকেন যাতে বালার দিকে তাকালে সর্বদা বাণীর কথা মনে পড়ে এবং গুরুর রূপে গুরবাণী সর্বদা সেই ব্যক্তির সাথে থাকে। লৌহ এবং বাণীর শক্তি একসাথে সর্বদা শরীরে উপস্থিত থাকে। গুরবাণীতেও একটি আদেশ রয়েছে, যে 'সিমরণ' করলে এবং বাণী স্মরণ করলে, গুরু সাহেব সর্বদা তার সাথে থাকেন। গুরু জি শব্দটি ভবনের চার দেওয়ালের মধ্যে সীমাবদ্ধ নয়। আদেশটি হল:

গুরু মেরৈ সঙ্গী সদা হ্যা নালে।।
সিমরি সিমরি তিসু সদা সমালে।।

(অঙ্গ ৩৯৪)

'কড়া' হল এক ঐশ্বরিক এবং আধ্যাত্মিক শক্তি, সাহস এবং এমন শক্তি যার কোনও শুরু বা শেষ নেই, কোনও ভয় নেই এবং কোনও ঘৃণা নেই। 'কড়া' যুদ্ধ এবং যুদ্ধের সময় কব্জিতে তরবারির আঘাত থেকেও রক্ষা করে, এবং বিশেষ করে যদি কড়া মোটা হয়, তবে এটি কব্জির জন্য একটি অস্ত্র হিসেবেও কাজ করে। উদাহরণস্বরূপ, বাবা দীপ সিং জির পুরু, লোহার কড়া, সিমরানা, চক্কর খন্ড ইত্যাদিতে বাণী (পবিত্র শব্দ) খোদাই করা আছে যা, প্রভুর মতো, যেখানেই কেউ তা স্মরণ করে সেখানেই অত্যন্ত অনন্য উপায়ে রক্ষা করে। আদেশটি হল:

রোগন তে অর সোগন তে জল জোগন তে বহু ভান্তি ভচাবৈ।।
সত্র অনেক চালওয়াত ঘাভ তৌ তন ঐকু ন লাগন পাবৈ।।
রাখত হ্যায় অপনো করু দৈ কর পাপ সম্বুহ ন ভেটন পাভৈ।।
অউর কি বাত কহ তো সৌ সু পেট হি কে পট বীচ বচাভৈ।।

(দশম গ্রন্থ)

জিথৈ হরি আরাধিওই তিথৈ হরি মিতু সহাই।।

(অনুচ্ছেদ ৭৩৩)

'কড়া' ধর্মের প্রতীক এবং গুরুমুখ শিখরা এর পরিষ্কার-পরিচ্ছন্নতা এবং পবিত্রতা সম্পর্কে অত্যন্ত যত্নবান। বন, জল বা শৌচাগারে যাওয়ার পর যখনই হাত সাবান দিয়ে ভালোভাবে ধোয়া হয়, তখন কড়াও ভালোভাবে ধুয়ে নেওয়া হয় অথবা বালি ইত্যাদি দিয়ে ঘষে পরিষ্কার জল

দিয়ে ধুয়ে ফেলা হয়। স্নানের মতো, এর পবিত্রতারও সর্বোচ্চ যত্ন নেওয়া হয়। 'কড়া' একই সাথে 'মিরি-পিরির' প্রতীক; খালসা আধ্যাত্মিক এবং পার্থিব উভয় শক্তি ধারণ করার ক্ষমতা রাখে।

প্রাচীনকাল থেকেই লোহার বালা পরার রীতি প্রচলিত, কিন্তু সেগুলি পুরোপুরি গোলাকার ছিল না; এবং মুখও খোলা ছিল। হিন্দুধর্মে একটি গল্প আছে যে ভস্মাসুর নামে এক রাক্ষস শিবের জন্য ভক্তি ভরে প্রচুর তপস্যা করেছিল। খুশি হয়ে মহাদেব আবির্ভূত হয়ে তাকে বর প্রার্থনা করতে বলেন। ভস্মাসুর অনুরোধ করেছিলেন যে তিনি যাকে তাঁর বালা পরাবেন সেই যেন ভস্মীভূত হয়ে যায়। অনেক জায়গায়, মাথায় হাত রাখার কথাও উল্লেখ করা হয়েছে। শিব 'তথাস্তু' (তাই হোক) বলে বর দেন। ভস্মাসুর রাক্ষস যখন তা পরীক্ষা করার জন্য শিবের মাথার দিকে হাত বাড়ায়, তখন শিব দৌড়াতে শুরু করেন। কথিত আছে যে, ভস্মাসুরের হাত থেকে নিজেকে রক্ষা করার জন্য, বিষ্ণু মোহিনী রূপ ধারণ করেছিলেন এবং তাকে আকর্ষণ করার জন্য নৃত্য শুরু করেন। ভস্মাসুরও একইভাবে নৃত্য করছিল। নৃত্যরত অবস্থায় মোহিনী নিজের মাথা স্পর্শ করেন এবং তাকে দেখে ভস্মাসুরও নিজের মস্তক স্পর্শ করে, বালাটি তার মস্তক স্পর্শ করে, যার ফলে সে ভস্মীভূত হয়ে যায়।

বালা সম্পর্কে একটি ঘটনা মনে আসে। কানাডা বা মার্কিন যুক্তরাষ্ট্রে প্রায় দুই বা তিন দশক আগে এই ঘটনা ঘটেছিল। একজন পাঞ্জাবি ব্যক্তি তার স্ত্রীকে নির্মমভাবে হত্যা করেছিলেন, নৃশংসভাবে তাকে টুকরো টুকরো করে কেটেছিলেন এবং তারপর তাকে অন্য প্রদেশে নিয়ে গিয়ে সেখানে তার শবদেহ ফেলে দেন। অন্য কেউ কোনও ধারণাই করতে পারেনি। যে এলাকায় মৃতদেহটি পাওয়া গিয়েছিল সেখানকার পুলিশ তদন্ত করে, কিন্তু একটি অল্পবয়সী, সুন্দরী মেয়ের জন্য কোনও নিখোঁজ ব্যক্তির প্রতিবেদন দায়ের করা হয়নি। তারা সমস্ত প্রদেশে অনুসন্ধান করেছে, কিন্তু কোনও তথ্য খুঁজে পায়নি। মেয়েটি এত সুন্দরী হওয়ায় তারা তাকে একজন ইংরেজ মহিলা ভেবে ভুল করেছিল। তারপর, একজন অভিজ্ঞ পুলিশ অফিসার তার হাতে 'কড়া' দেখে মৃতদেহটি একজন শিখ মহিলার বলে শনাক্ত করেন। তারপর তারা অন্যান্য প্রদেশের নিখোঁজ মেয়ে এবং মহিলাদের তালিকা পরীক্ষা করে দেখতে পান যে তার স্বামী তাকে হত্যা করেছে এবং নিখোঁজ ব্যক্তির প্রতিবেদন দায়ের করেছেন। তার স্বামীকে

গ্রেপ্তার করা হয়। এই ঘটনাটি ২০, ৩০, এমনকি ৪০ বছর আগেও ঘটতে পারে। আমি ইংল্যান্ডের একটি পাঞ্জাবি সংবাদপত্রে এই ঘটনাটি পড়েছিলাম, কিন্তু এটি আসলে কানাডা বা মার্কিন যুক্তরাষ্ট্রে ঘটেছিল। সুতরাং,'কড়া'র জন্য ওই মৃতকে সনাক্ত করা সম্ভব হয়েছিল এবং সে ন্যায়বিচারও পায়। বাণী থেকে এই লাইনটি বিবেচনা করুন:

আপে পতি রাখী সেবক কী আপি কীঔ বন্ধান।।

(অঙ্গ ১২১৬)

'সরব লোহার কড়া' সম্পর্কে বলতে গেলে, এটাও উল্লেখ করা গুরুত্বপূর্ণ যে অমৃত সঞ্চারের জন্য কেবল 'সরব' লোহার বাটা এবং সরব লোহার খন্ড ব্যবহার করা হয়, ইস্পাত বা অন্য কোনও ধাতু নয়। শ্রী কেশগড় সাহেবে অলৌকিক অমৃতের প্রস্তুতির সময় সৎগুরু জি সরব লোহার বাটা এবং খন্ড ব্যবহার করেছিলেন।

অনেক সময়, সৎগুরু জি প্রাচীন রীতিনীতি এবং ঐতিহ্য পরিবর্তনের জন্য খুব সহজ এবং সরল পদ্ধতি অবলম্বন করেছিলেন, যা যেকোনও ব্যক্তিকে তাঁর পায়ে মাথা নত করতে বাধ্য করে।

গুরু সাহেব জি-র সময়ে, মহিলাদের কোথাও সমান মর্যাদা দেওয়া হত না। আজও, অনেক দেশে, তাদের পুরুষদের সমান অধিকার দেওয়া হয় না। এটা উল্লেখ করা ভুল হবে না যে মহিলারা কেবল ১৯১৯-১৯২০ সালে ভোটাধিকার পেয়েছিলেন। ভারতে, মহিলাদের দুর্বল এবং অসহায় বলে মনে করা হয়। প্রাচীন ঐতিহ্য অনুসারে, বোনেরা তাদের ভাইয়ের কব্জিতে একটি পশমী সুতো বেঁধে রাখতেন, যাকে রাখি বলা হয়। ভাই বিপদের সময় তার বোনকে রক্ষা করার প্রতিশ্রুতি দিত এবং আর্থিক সহায়তা প্রদান করত। সেই সময়ে, মুঘল দাঙ্গাকারীরা জোর করে হিন্দু মেয়েদের অপহরণ করত। সেই সময়ে, মর্যাদা এবং শারীরিক সুরক্ষার প্রতি শ্রদ্ধা অত্যন্ত গুরুত্বপূর্ণ ছিল, কারণ মহিলাদের দুর্বল এবং অসহায় হিসাবে চিহ্নিত করা হত এবং তাদের মধ্যে আত্মবিশ্বাস জন্মানো থেকে বাধা দেওয়া হত।

শ্রী গুরু নানক দেব জির সময় থেকে সমাজে কিছু পরিবর্তন আসতে শুরু করে, যখন গুরু সাহেব বলেছিলেন:

সো কিউ মন্দা আখীওই জিতু জংমহি রাজান।।

(অঙ্গ ৪৭৩)

শ্রী গুরু অমরদাস জি মহিলাদের 'পীড়া' (ধর্মপ্রচারকের পদ) প্রদান করেছিলেন এবং প্রচারক হিসেবে নিযুক্ত করেছিলেন। গুরু গোবিন্দ সিং জি সিংহদের অমৃত খণ্ড-বাট প্রদান করেছিলেন এবং মহিলাদেরও তা প্রদান করেন। তিনি মহিলাদেরও সমান পাঁচটি কক্কর প্রদান করেছিলেন, সমতা প্রতিষ্ঠা করেছিলেন। শুধু তাই নয়, যে মহিলাদের চুড়ির পরিবর্তে রূপোর বালা পরতে বলা হয়েছিল। বালা মহিলাদের আত্মবিশ্বাস এবং আত্মসম্মান দিয়েছে: তারা কোনওভাবেই দুর্বল ছিল না; তারা নিজেদের রক্ষা করতে এবং এমনকি নিপীড়িতদের রক্ষা করতে সক্ষম ছিল। এই সমতা তাদের মধ্যে এমন একটি চেতনা জাগিয়ে তুলেছিল যা পূর্বে লুকানো ছিল এবং তা হারিয়ে গিয়েছিল। সৎগুরু তাদের কৌর উপাধি প্রদান করেছিলেন এবং তাদের রাজকন্যার মতো ঘোড়ায় চড়া এবং সামরিক প্রশিক্ষণের পাশাপাশি রন্ধন প্রশিক্ষণ দেওয়া হয়েছিল। ইতিহাসে এমন অনেক মহিলার নাম লিপিবদ্ধ আছে যারা চরম সাহসিকতার সাথে লড়াই করেছিলেন, যাদের মধ্যে 'মাই ভাগো' (ভাগ কৌর)-র নাম ইতিহাসে স্বর্ণাক্ষরে উজ্জ্বল হয়ে আছে। অনেক মহিলা যুদ্ধ এবং সংগ্রামে তাদের ভাইদের সাথে কাঁধে কাঁধ মিলিয়ে লড়াই করেছিলেন। সর্বলোহের এই ঘটনা শিখ সম্প্রদায়ের মধ্যে এক বিরাট জাগরণ এনেছিল। শিখদের মনোবল এবং সাহস আরও বৃদ্ধি পেয়েছিল, বিশেষ করে সেইসব মহিলাদের ক্ষেত্রে, যারা সামরিক প্রশিক্ষণ গ্রহণের পর তারা নিজেদের ভাইদের সমান সাহসিকতা প্রদর্শন করতে সক্ষম হয় এবং গুরু সাহেবজির আশীর্বাদে দুর্বল মহিলাদের থেকে দক্ষ সিংহীতে পরিণত হয়েছিল।

প্রাচীনকাল থেকেই প্রতীক ও চিহ্নের ভাষা ব্যবহার হয়ে আসছে। এই রীতি এখনও অনেক জায়গায় ব্যবহৃত হয়। ইংল্যান্ড এবং অন্যান্য অনেক দেশে, তথ্যের জন্য ট্রাফিক সাইন, ত্রিভুজাকার সতর্কতা চিহ্ন এবং বর্গাকার চিহ্ন ব্যবহার করা হয়। বৃত্তাকার চিহ্নগুলি প্রয়োজনীয় এবং বাধ্যতামূলক আদেশ প্রদান করে। বৃত্তাকার চিহ্ন, একটি দৃঢ় চিহ্নের আকারে, সৎগুরু জির একটি দৃঢ় আদেশ। শিক্ষা প্রতিষ্ঠান এবং ক্রীড়া সংস্থাগুলি প্রায়শই চিহ্নের ব্যবহারে আপত্তি জানায়, কিন্তু বেশিরভাগ জায়গায়, ব্যাখ্যা করা পর, তারা তাদের আপত্তি প্রত্যাহার করে নেয় এবং চিহ্ন ব্যবহারের অনুমতি দেয়।

বৃত্তাকার বৃত্তের প্রতীকটি অনেক প্রাচীন এবং এটি অত্যন্ত বিশেষ বলে বিবেচিত। ঐতিহাসিকভাবে, মনোবিজ্ঞান, দর্শন এবং জ্ঞানের মাধ্যমে

এটির প্রচুর ব্যাখ্যা করা হয়েছে এবং এর স্বতন্ত্র আকৃতি ও আবেগগত ব্যাখ্যা প্রদান করে। এই বৃত্তাকার বৃত্ত প্রতীকটিকে 'মন্ডলা'ও বলা হয়। এই বৃত্তাকার আকৃতি অবচেতন মনের উপর সর্বাধিক প্রভাব ফেলে। দর্শনে এটি একটি বিশেষ স্থান অধিকার করে। স্থাপত্য বিশেষজ্ঞরা বিশ্বাস করেন যে বৃত্তাকার আকৃতি শক্তির জন্য চমৎকার কারণ এর গোলাকার চাপ, উদ্বেগ এবং প্রভাব কম করে। প্রকৌশলীরা দুর্বল স্থানে বক্ররেখা যোগ করে একটি গহ্বর তৈরি করেন।

আমাদের খুলিও প্রাকৃতিক প্রক্রিয়া এবং দক্ষতার কারণে গোলাকার, যা আমাদের মস্তিষ্ককে রক্ষা করে, যা আমাদের শরীরের সবচেয়ে গুরুত্বপূর্ণ অঙ্গ। যদি কোনও গোলাকার বস্তু দুর্বল হয়, তবে সেটি তার নিজের আকার বজায় রাখতে পারে না। গাড়ির চাকা যেমন গোলাকার হয়, যদি এতে সঠিক পরিমাণে বাতাস ভরা থাকে তবে এটি ঠিক থাকে, অন্যথায় যদি কোনও চাপের কারণে এটি ছিদ্র হয়ে যায় তবে এর আকার নষ্ট হয়ে যায়। কিন্তু সিংহরা আনন্দের সাথে এবং সহজেই ত্যাগ স্বীকার করেছিল কিন্তু তাদের ধর্মকে প্রভাবিত হতে দেয়নি, তাদের ধর্মের সাথে আপস করেনি, অর্থাৎ তারা দুর্বল ছিল না। ভাই তারু সিং, ভাই মণি সিং এবং বান্দা সিং বাহাদুর শহীদ হয়েছিলেন কিন্তু কোনও নিষ্ঠুর পরিস্থিতি তাদের ভয় দেখাতে পারেনি।

গণিতে শূন্য যেমন একটি গোলক, একটি বৃত্ত, তেমনি একজন শিখ যখন নিজেকে হারিয়ে ফেলেন, তখন তিনি ঈশ্বরকে খুঁজে পান, যিনি তার মূল্য এবং শক্তিকে বহুগুণে বৃদ্ধি করেন। তিনি তার নীতিগুলিকে সমুন্নত রাখেন কারণ ঈশ্বর আধ্যাত্মিক শক্তি প্রদান করেন। যখন একজন শিখ সকাল-সন্ধ্যা তার চুল আঁচড়ান, তখন তার ডান হাত এবং কব্জি তার মাথার উপরে ঘোরে, একটি খোঁপা বাঁধার সময়, এবং বালাটিও একই সাথে ঘুরতে থাকে। যদি একই সাথে 'সিমরান' করা হয়, তাহলে এই অনুভূতি জাগে: 'হে প্রভু! আমি কিছু নই, আমি কিছুই নই। তুমি সর্বশক্তিমান, সর্বব্যাপী ওয়াহেগুরু।' পাগড়ি সাজানোর সময়ও একই রকম ক্রিয়া ঘটে। গোলাকার মাথায় পাঁচ ফোঁটা অমৃত ছিটিয়ে, দশমেশ পিতা জি এই গোলাকার মাথায় এমন শক্তি প্রদান করেছিলেন যে ইতিহাস শত শত সিংহ, মহিলা এবং শিশুদের শহীদ হওয়ার কথা লিপিবদ্ধ করে, কিন্তু তাদের কেউই পার্থিব

সুখের কাছে আত্মসমর্পণ করেনি। চোখে অমৃত ঢেলে, তিনি উপেক্ষা করার শক্তি প্রদান করেছিলেন। তিনি তার মুখে অমৃত ঢেলে বাণীর সাথে সংযুক্ত করেছিলেন। শিখ গুরুর পায়ে নিজেকে সমর্পণ করেছিলেন। আদেশ অনুসারে:

কবীর মেরা মুঝ মহি কিছু নহি জো কিছু হ্যায় সো তেরা।।

তেরা তুঝ কউ সঙপতে কিআ লাগৈ মেরা।। ২০৩।।

(অঙ্গ ১৩৭৫)

'কড়া' আমাদের পাপের বন্ধন থেকে মুক্ত করতে সাহায্য করে, কিন্তু 'রহতওয়ান ধারক' সেই লোভনীয় এবং প্রতারণামূলক আবেগের জন্য দায়ী যা কাউকে জোর করে, শোষণ করে বা নিপীড়ন করতে পারে। শুধুমাত্র গুরু সাহেবের কাছে প্রার্থনা করলেই সাহায্য পাওয়া যায়। গুরু সাহেব ভক্তদের নিম্নলিখিত কাজগুলি করতে উৎসাহিত করেন:

পঞ্চ চোর আগৈ ভগে জব সাধসঙ্গেত।।

পুঁজি সাবতু ঘনো লাভু গ্রিহি শোভা সেত।।

(অঙ্গ ৮১০)

গোলাকার বালা আমাদের আরও শিক্ষা দেয় যে বালার বৃত্তাকার রেখাটি কেন্দ্র থেকে সমান দূরত্বে অবস্থিত। একইভাবে, ঈশ্বরের সৃষ্ট সমস্ত মানুষ সমান, এবং ধর্ম, বর্ণ বা জাতের ভিত্তিতে কাউকে ঘৃণা বা বৈষম্যের দৃষ্টিতে দেখা যাবে না। বালার কেন্দ্রের চারপাশের বৃত্তটি সমান দূরত্বে অবস্থিত। একইভাবে, সমস্ত প্রাণী সমান এবং ঈশ্বরের সঙ্গী, এবং সকলেই সমান দূরত্বে অবস্থিত। আদেশটি হল:

ঐকু পিতা ঐকস কে হম বারিক তু মেরা গুর হ্যায়।।

(অঙ্গ ৬১১)

কড়ার কোনও শুরু বা শেষ নেই। একইভাবে, পরিধানকারী, অমর ও শাশ্বত সত্য এবং ঈশ্বরের অসীমতার সাথে সংযোগ স্থাপন করে, আত্মবিশ্বাসী এবং সাহসী হয়ে ওঠে, সীমাহীন। ঠিক যেমন একটি কুকুরের গলায় একটি রশি প্রকাশ করে যে এটি পথভ্রষ্ট নয়, এর মালিক শক্তিশালী এবং কেউ এটির ক্ষতি করার কথা ভাবতে পারে না। যদি এর মালিক

অসীম, অগম্য এবং সর্বশক্তিমান গুরু গোবিন্দ সিংহ হন, তাহলে সেই পরিধানকারীও মহান কারণ এর মালিক মহান।

কড়া পরিধানকারীকে মনে করিয়ে দেয় যে জীবন মানে সংগ্রাম, কিন্তু জয় বা পরাজয় ঈশ্বরের হাতে। পরিধানকারীকে কেবল কঠোর পরিশ্রম করতে হবে। তাকে সত্য এবং পবিত্র নীতির জন্য দৃঢ়তার সাথে লড়াই করতে হবে, তবে ফলাফল যাই হোক না কেন, তার ঈশ্বরের বিরুদ্ধে অভিযোগ বা তিরস্কার করা উচিত নয়। আদেশ হল:

মারৈ রাখৈ ঐকো আপি
মানুখ কৈ কিছু নাহি হাথি।।

(অঙ্গ ২৮১)

ঠিক যেমন বৃত্তাকার বৃত্তকে 'মন্ডলা' বলা হয়, তেমনি যদি আমরা বিবেচনা করি যে মানবজাতির তৈরি আধুনিক সভ্যতার প্রাসাদটি যদি সেখান থেকে সরিয়ে ফেলা হয়, তাহলে মেশিনের বৃত্তাকার চাকাগুলি তাসের ঘরের মতো ভেঙে পড়বে। অনেক দেশের পতাকায় বৃত্তাকার বৃত্ত রয়েছে। গুরু গোবিন্দ সিং জি শিখদের সমৃদ্ধির প্রতীক দিয়েছিলেন। এই আশীর্বাদের কারণে, শিখরা সারা বিশ্ব ভ্রমণ করছে, উদ্যোক্তা, শিল্পোন্নত, সাহসী এবং সমান সমাজ তৈরি করছে এবং সংখ্যায় কম হলেও প্রচুর অগ্রগতি করছে।

অন্যান্য ধর্মেও বৃত্তাকার বৃত্ত পাওয়া যায়। রোমান গম্বুজকে ঐশ্বরিক, রাজকীয় এবং সাম্রাজ্যবাদী শক্তির প্রতীক হিসেবে বিবেচনা করা হয়। ইসলামেও এই গম্বুজগুলি পাওয়া দেখতে পাওয়া যায়। হিন্দু ধর্মেও অনেক বৃত্ত রয়েছে; ভগবান শিবের গলায় সাপও একটি 'মন্ডলা'।

গুরুমুখী ভাষায় লেখা গুরু গ্রন্থ সাহেবের প্রথম অক্ষরটি যদি আমরা মনোযোগ সহকারে পরীক্ষা করি, তাহলে মনে হবে যেন বৃত্তের উপরে একটি শূন্য বসে আছে, অথবা একটির উপরে একটি শূন্য স্থাপন করা হয়েছে। অতএব, শূন্যের আগে, শূন্য ছিল এবং অর্থ ছিল শূন্য। গুরু গ্রন্থ সাহেবের সমস্ত শুভ শব্দ এক ওঙ্কার দিয়ে শুরু হয়। অন্যগুলি সামান্য ভিন্ন হতে পারে, তবে সমস্ত শুভ শব্দ একই শুরু থেকে উদ্‌ভূত। গুরু নানক দেব জিও তাঁর প্রথম শ্লোকটি বৃত্তাকার বৃত্ত দিয়ে শুরু করেছিলেন। অতএব, এই সমস্ত বৃত্ত মহান।

অনেক ধর্মের প্রতীকগুলির অধ্যয়ন থেকে জানা গিয়েছে যে তারা বৃত্তাকার বৃত্তকে পবিত্র, দেবত্ব এবং ঐশ্বরিক মহত্ত্বের প্রতীক বলে মনে করে। একইভাবে, 'কড়া' পরিধানকারীকে সর্বোচ্চ ঐশ্বরিক শক্তির কথা মনে করিয়ে দেওয়া হয়। গুরু গোবিন্দ সিং জি শিখদের 'কড়া'র আকারে এমন একটি অনন্য এবং বিস্ময়কর উপহার দিয়েছিলেন, যা সমস্ত মানুষ সবচেয়ে উৎকৃষ্ট বলে মনে করে, এবং তা পরতে চায়।

কিরপাণ

কিরপাণ একটি অত্যন্ত পবিত্র কক্কর, এবং এটি সর্বদা আপনার সাথে রাখা উচিত, একটি পোশাকের সাথে সজ্জিত থাকে। কিরপাণ হল অ'কাল পুরখের' অস্ত্র। এটি শরীর থেকে সরানো উচিত নয়, তাতে করে শিখ সর্বদা অকাল পরখ এবং গুরু সাহেবের সাথে থাকতে পারে। একজন শিখের আত্মবিশ্বাস থাকা উচিত যে গুরু সাহেব সর্বদা তার সাথে আছেন। আদেশটি হল:

গুরু মেরৈ সঙ্গী সদা হৈ নালে।।

সিমরি সিমরি তিসু সদা সমালে।

(অঙ্গ ৩৯৪)

শ্রী গুরু গোবিন্দ সিংহ জী খালসাকে সাধু সৈনিক হিসেবে গড়ে তুলেছিলেন। যদি তারা কেবল সাধু হয়, তবে তারা কাপুরুষ হতে পারে, এবং যদি তারা কেবল সৈনিক হয়, তবে তারা অত্যাচারী হতে পারে। ইতিহাসে অনেকেই কেবল সৈনিক ছিলেন, যাদের কর্মকাণ্ড ধ্বংস এবং কাঁটার দিকে পরিচালিত করেছে। যাইহোক, যখন কেউ সাধু-সৈনিক হন, তখন তারা নিপীড়িতদের রক্ষা করেন এবং জাতি গঠন করেন। সৎগুরু জী সাধুকে একজন সৈনিক হিসেবে গড়ে তুলেছিলেন এবং সাধু কর্তৃত্বের জন্য শ্লোকগুলির অবিরাম পাঠ বাধ্যতামূলক করার সাথে সাথে সৈনিকের অস্ত্রের প্রতীক কিরপাণও প্রদান করেছিলেন। এবার আসুন বুঝতে পারি কীভাবে কিরপাণ তৈরি করা হয়:

কিরপাণ তৈরি নিজেই একটি শিল্প।কিরপাণ এবং অন্যান্য অস্ত্র তৈরি একটি বংশগত পেশা যা প্রজন্ম থেকে প্রজন্মে চলে আসছে। অনেক কারখানার মতো, কিরপাণও বংশ পরম্পরায় হাতে হাতে চলতে থাকে এবং একটি মাত্র কিরপাণ ২৫-৩০টি হাতে চলে যায়।কিরপাণগুলি বেল্ট এবং স্প্রিংস উভয় থেকেই তৈরি করা হয়, যেমন ট্রাক স্প্রিং। এগুলি কামারের

কাছ থেকে ভাঁজ করা অবস্থায় আসে। তারপর এগুলি একটি পেষণকারী পাথরে কেটে, পালিশ করা, নিকল করা, বাফ করা, পালিশ করা এবং হিল্ট করা হয়। তারপর আসে খাপ। প্রাচীনকালে, কিরপাণগুলি খাঁটি লোহা দিয়ে তৈরি করা হত, কিন্তু আজকাল, ইস্পাত সাজসজ্জার জন্য ক্রমবর্ধমানভাবে ব্যবহৃত হচ্ছে। সবচেয়ে সুন্দর, সবচেয়ে সূক্ষ্ম কিরপাণগুলি বিবাহের জন্য তৈরি করা হয়। কিরপাণগুলি সাধারণত ৫ ইঞ্চি থেকে প্রায় ৩৬ ইঞ্চি পর্যন্ত তৈরি করা হয়, তবে অনেক বিশেষ অর্ডারে ৪৫ থেকে ৪৮ ইঞ্চি দৈর্ঘ্যের অনুমতি দেওয়া হয়। প্রতিদিন নতুন ডিজাইন তৈরি করা হয়। প্রাচীনকালে, কিরপাণকে অত্যন্ত সম্মানের সাথে দেখা হত, এবং আজও, যারা রসবোধ রাখেন তারা একই সম্মানের সাথে এটি ব্যবহার করেন।

যেমন পোশাক, তা সে তুলো হোক বা পশম, আমাদের শরীরে প্রভাব ফেলে, তেমনি কিরপাণ-এরও নিজস্ব প্রভাব রয়েছে। এটি বীরত্বের চেতনা বজায় রাখে। যদি বীরত্বের চেতনা মনের ভেতর হারিয়ে যায়, তাহলে কেউ নিজেকে, অন্যদের, তাদের পরিবারকে, তাদের দেশকে, তাদের সম্প্রদায়কে, অথবা নিপীড়িতদের রক্ষা করতে পারবে না। শিখরা যেখানেই গিয়েছে, তারা তাদের কঠোর পরিশ্রমের মাধ্যমে সমৃদ্ধ হয়েছে এবং সমগ্র বিশ্বে সমৃদ্ধি এনেছে। তাদের উন্নত চিন্তাভাবনা দিয়ে তারা কখনও কারও সাথে বৈষম্য করেনি। সৎগুরুর আদর্শ গ্রহণ করে, ভগবানের নাম জপ করে, ধর্মের সেবা করে, ভক্তিমূলক সেবা ভাগ করে নেয় এবং ভাগ করে নেওয়ার গুণাবলী প্রত্যক্ষ করে, সকলেই মুগ্ধ হয়েছিল। ভাই ঘনায়্যা জির চিন্তাভাবনা গুরু সাহেব জির দর্শনকে মূর্ত করে তোলে, যে কাউকে কখনও অপরিচিত বা শত্রু মনে করবেন না; এর মতো আর কোনও উদাহরণ নেই। খালসা হল অকাল পুরখের সেনাবাহিনী, এবং সেনাবাহিনী সর্বদা সশস্ত্র থাকে, তাই এটি, অকাল পুরখের মতো, সর্বজনীন। যদিও অন্যান্য আধুনিক অস্ত্র থাকতে পারে, সৎগুরু জির আমাদের কিরপাণ দিয়ে আশীর্বাদ করেছেন যাতে আমরা সর্বদা বীরত্বের অনুভূতি বজায় রাখতে পারি। বীরত্ব ছাড়া, সবচেয়ে শক্তিশালী অস্ত্রও অর্থহীন এবং অকেজো হয়ে যায়।

হাতে তলোয়ার ধরলে লক্ষ লক্ষ পাপ দূর হয়, কারণ তলোয়ার হল অকাল পুরখের আদি শক্তি। আদি শক্তিকে প্রকৃতিও বলা হয়। দশম

পাদশাহ এটিকে চণ্ডী এবং "শ্রী ভাগ্‌তিজী সহায়" বলে অভিহিত করেছিলেন এবং বলেছিলেন যে এই আদি শক্তি হল তলোয়ার। লক্ষ লক্ষ পাপ দূর করতে সক্ষম এই লৌহ তলোয়ারটি কাছে রাখা উচিত; এটি তাৎক্ষণিক সুরক্ষা প্রদান করে এবং অদৃশ্য আত্মাদের বিরুদ্ধেও সুরক্ষা প্রদান করে। আদেশটি হল:

কিরপাণ পান ধারিয়ং করোর পাপ টারিয়ং।।

(দশম গ্রন্থ)

কোমরে তির্যকভাবে কিরপাণ পরা হয়। কিরপাণ ব্যক্তিগত এবং ভাগাভাগি উভয় দায়িত্বের, সাম্যের, সামাজিক সম্প্রীতির এবং ভ্রাতৃত্বের স্মারক। বিপদের সময় এবং শত্রুর মুখোমুখি হওয়ার সময় কিরপাণ আত্মরক্ষার জন্য ব্যবহৃত হয়। কিরপাণ ইঙ্গিত দেয় যে, খালসার কর্মের শক্তি এবং উপায় রয়েছে। মূল মন্ত্রের গুণাবলী অনুসারে, খালসা, ভগবানের মতো, নির্ভীক এবং শত্রুতামুক্ত। খালসা মন্দ ও মিথ্যার বিরুদ্ধে লড়াই করে এবং সত্যের সাথে ঐক্যবদ্ধ হয়, সত্যের জন্য লড়াই করে এবং মৃত্যুকে ভয় পায় না। খালসা অনুশীলনে গুরুর প্রতিনিধি হিসেবে তার ভূমিকা পালন করেন। কিরপাণ আমাদের আত্ম-ইচ্ছের প্রতীক, যা দেখায় যে কিরপাণ ধারণকারীকে অন্য কেউ দাসে পরিণত করতে পারে না।

দরিদ্র ও অভাবীদের রক্ষা করার জন্য কিরপাণ ব্যবহার করা হয়। অন্যায়ের ক্ষেত্রে এটি কারও কণ্ঠস্বর হিসেবে কাজ করে। তবে, এটি কোনও তলোয়ার নয়, বরং একটি কিরপাণ, অনুগ্রহ এবং সম্মান শব্দের সংমিশ্রণ। গুরু গোবিন্দ সিং জি বলেছেন যে, যখন অন্য সমস্ত পথ এবং পদ্ধতি ব্যর্থ হয়, তখন তলোয়ারের হাতে ধরা ন্যায়বিচার এবং ধর্ম। আদেশ হল:

চু কার অজ হমহ হিলাতে দর গুজষত।।
হলাল অসত বুরদন ব শমশীর দসত।। ২২।।

(দশম গ্রন্থ)

কিরপাণধারী নারীরা পুরুষদের থেকে কোনওভাবেই নিকৃষ্ট নন। সৎগুরু প্রথম থেকেই তাদের সমতা প্রদান করেছেন। প্রাচীনকালে, বর্ণগত বাধার কারণে, শূদ্র এবং মহিলারা কিরপাণ ধারণ করার স্বপ্নও দেখতে

পারতেন না। গুরু সাহেব জি একই 'খণ্ড বাটে' থেকে সমস্ত মহিলাকে একই অমৃত দিয়ে আশীর্বাদ করেছিলেন। বর্তমান সময়ে, ১৯২০ সালের দিকে মহিলারা ভোট দেওয়ার অধিকার লাভ করেন। সৎগুরু পুরুষ এবং মহিলাদেরকে নির্ভয়ে গৌরব, সম্মান এবং মর্যাদার সাথে জীবনযাপনের সমান সুযোগ দিয়েছিলেন। কেউই উচ্চ পদমর্যাদা বা পদের অধিকারী নয়; সকলেই সমান। কিরপাণধারী নারী কোনওভাবেই পুরুষের সম্পত্তি নয়। এটি কেবল গুরু সাহিবান এবং খালসার ক্ষেত্রেই দেখা যায়।

ষষ্ঠ গুরু শ্রী হরিগোবিন্দ সাহেব জি-র সময় থেকেই শিখরা কিরপাণ পরছেন। পঞ্চম গুরু শ্রী গুরু অর্জন দেব জি-র 'শাহাদাতের' পর, শ্রী গুরু হরিগোবিন্দ সাহেব জি শিখদের ভালো ঘোড়া, অস্ত্র এবং সৈন্য উপহার দেওয়ার নির্দেশ দিয়েছিলেন, নিজস্ব সেনাবাহিনী গঠন করেছিলেন এবং শিখদের সামরিক প্রশিক্ষণ দিয়েছিলেন। তিনি তাঁর নেতৃত্বে চারটি যুদ্ধ করেন এবং জয়লাভ করেছিলেন। শিখদের মনোবল বৃদ্ধি পেয়েছিল। সমস্ত শিখকে অস্ত্র বহন করতে বলা হয়েছিল, দশম গুরু জি এটিকে তাদের জীবনের একটি অপরিহার্য অংশ করে তুলেছিলেন।

শ্রী গুরু হরিগোবিন্দ সাহেব জি দুটি 'মিরি পিরি' তলোয়ার পরতেন। শ্রী গুরু হরিগোবিন্দ সাহেব জি-র সময়ে নথা এবং আবদুল্লাহ ঢাডি কর্তৃক লিখিত যুদ্ধের কিছু পংক্তি নিম্নরূপ:

দো তলবারাং বধিআং ইক মীর দি ইক পীর দি।

ইক অজমত দি ইক রাজ দি ইক রাখি করে ওয়াজির দি।

হিম্মত বারাং কোট গড় দরওয়াজা বলখ বখীর দি।

কটক সিপাহী নীল নাল মার দুষটাং করে তগির দি।

পগ্ন তেরি কি জাহাঙ্গীর দি।

বাবা বুঢ়াজি প্রথমে তাকে ৪৪ ইঞ্চি 'পিরি', তারপর ৪২ ইঞ্চি 'মিরি' পরিয়েছিলেন। 'পিরি' ধর্মকে 'মিরি' 'বাদশাহত'-এর উপরে স্থাপন করা হয়, যেমন 'অকাল তখতের' কাছে দুটি 'নিশান সাহেব' রয়েছে। এর মধ্যে, হরিমন্দির সাহেবের দিকের 'নিশান'টি 'অকাল তখতে'র 'নিশান' সাহেবের চেয়ে উঁচু। শ্রী গুরু হরগোবিন্দ সাহেব জি সর্বদা শরীরে দেড় ফুট লম্বা কিরপাণ রাখতেন। বাবা বুঢ়াজি শরীরে দেড় ফুট লম্বা কিরপাণ রাখতেন।

এই অস্ত্রগুলি অকাল তখতে এবং অন্যান্য অস্ত্রগুলিতেও দেখানো হয়েছে, যার মধ্যে শহীদ বাবা দীপ সিং জির অনেক অস্ত্রও রয়েছে। শ্রী গুরু গ্রন্থ সাহেব জি-এর সামনে একটি বড় কিরপাণও রাখা হয়।

শ্রী গুরু হরগোবিন্দ সাহেব জি অকাল পুরখ প্রভু জির জন্য প্রস্তুত অকাল তখত পেয়েছিলেন, যা নিজে, বাবা বুঢ়াজি এবং ভাই গুরুদাস জির দ্বারা যৌথভাবে প্রস্তুত করা হয়েছিল। গুরমুখদের কাছ থেকে শোনা যায় যে গুরু সাহেব জি অকাল পুরখ প্রভু জিকে সিংহাসনে বসতে অনুরোধ করেছিলেন। নির্গুণ প্রভু জি সগুন রূপে আবির্ভূত হয়েছিলেন, কিন্তু এই প্রত্যক্ষ দর্শন শুধুমাত্র গুরু জি, বাবা বুঢ়াজি, ভাই গুরুদাস জি এবং মাতা গঙ্গা জির পক্ষেই সম্ভব ছিল। অকাল পুরখ প্রভুজি গুরু সাহেবকে তাঁর কাছে বসিয়ে দিয়েছিলেন এবং আদেশ দিয়েছিলেন যে তাঁর পরে এই সিংহাসনে কেবল অস্ত্র প্রদর্শন করা উচিত, 'অস্ত্রগুলিই আমাদের রূপ।' অন্যান্য সিংহাসনেও অস্ত্র সজ্জিত ছিল।

'পিরি' আত্মিক এবং 'মিরি' বাদশাহী তলোয়ার, কৃপাণের প্রতীক। এটাও উল্লেখ করা উপযুক্ত যে 'অকাল তখত' এমনভাবে তৈরি করা হয়েছিল যাতে কেউ সরাসরি 'অকাল তখত' থেকে 'শ্রী হরিমন্দির সাহিব' দেখতে পারে, কিন্তু 'হরিমন্দির সাহিব' থেকে 'অকাল তখত' দেখা যায় না। এর অর্থ হল ধর্মই সর্বোপরি, এবং রাজাকে সর্বদা ধর্মের নির্দেশ মেনে চলতে হবে। একজন শিখ যতই মহান হোন না কেন, রাজা বা মন্ত্রী, ধর্ম প্রথমে আসে এবং তারপরে রাজনীতি। কিন্তু দুর্ভাগ্যবশত, বর্তমান সময়ে, এটি বিপরীত হয়ে গিয়েছে। এই কারণেই শিখ ধর্ম তার প্রশংসা এবং অগ্রগতি পাচ্ছে না। আধ্যাত্মিকতা তলোয়ারের ধারে হাঁটার মতো। মনকে একাগ্র করা তলোয়ারের ধারে খেলার মতো। এই বিষয়ে বাবা ফরিদ জিরও একটি উক্তি আছে:

ওয়াট হমারি খরি ঊডিণী।।
খন্নিঅহু তিখি বহুতু পিইণী।।

(অঙ্গ ৭৯৪)

যে ব্যক্তি নিজের মনকে নিয়ন্ত্রণ করেছে তার তলোয়ার অন্যায় করবে না বরং অন্যায় প্রতিরোধ করবে। ইতিহাস সাক্ষী যে ষষ্ঠ এবং দশম সৎগুরু যুদ্ধ করেছিলেন এবং জয়লাভ করেছিলেন কিন্তু কখনও জোর করে কোনও অঞ্চল দখল করেননি এবং আশ্রয় নিতে আসা লোকদের ক্ষমাও

করেছিলেন। শ্রী গুরু গোবিন্দ সিং জি অস্ত্র এবং তরবারিকে অভিবাদন জানিয়েছেন এবং অস্ত্রগুলিকে অকাল প্রভু হিসাবে বর্ণনা করেছেন। তলোয়ার হল প্রভুর প্রতীক কারণ কেবলমাত্র প্রভুই অজ্ঞতা ধ্বংস করেন। তাঁর দ্বারা উচ্চারিত কিছু আদেশ নীচে লিপিবদ্ধ করা হয়েছে, যা এটি প্রমাণ করে:

খগ খণ্ড বিহন্দম খল দল খণ্ডম অতি রণ মন্ডম বর বন্ডম।।
ভুজ দণ্ডম অখণ্ডম তেজ প্রচণ্ডম জোতি অমন্ডম ভান প্রভম।।
সুখ সান্ত করণম দুরমতি দরনং কিলভিখ হড়নং অসি সরনং।।
জই জই জব কারণ স্রিসটি উবারণ মম প্রতিপারণ জই তেঙ্গ।।

(বচিত্তর নাটক)

জিতে সসএ নামং।। নমসকার তামঙ্গ।।
জিতে অসএ ভেয়ং।। নমসকার তেয়ং।। ৯১।।

(বচিওর নাটক)

অসি কৃপাণ খন্ড খড়গ তুপক তবর অর তীর।।
সাইফ সরোহী সৈহবি যহৈ হমারৈ পীর।।৩।।
তির তুহি সৈথী তুহি তুহি তবর তরওয়ারী।।
নাম তিহারো জো জপৈ ভএ সিন্ধু ভব পার।।৪।।
কাল তুহি কালী তুহি তুহি তেগ অর তির।।
তুহি নিসানি জিত কি আজ তুহি জগবীর।। ৫।।

(বচিওর নাটক)

সৎগুরু জী 'শস্ত্র নামমালা'য় অসংখ্য অস্ত্রের নাম বর্ণনা করেছেন। সৎগুরু জী মঙ্গল রূপে অস্ত্রের পূজা ও প্রার্থনা করেছেন, এবং এটি আমাদের কাছে থাকা সমস্ত লোহার সুরক্ষার জন্যও। তিনি আদেশ দেন:

দোহরা

নমসকার শ্রী খড়গ কো করৌম সু হিতু চিতু লায়ি।।
পূরণ করৌম গিরন্থ ইহু তুম মুহি করহু সহায়ি।। ১।।

(বচিওর নাটক)

অকাল পুরখ কি রছ্যা হমনৈ।।
সরব লোহ দি রছ্যিআ হমনৈ।।
সরব কাল জি দি রছ্যিআ হমনৈ।।
সরব লোহ জি দি সদা রছ্যিআ হমনৈ।।

(অকাল জুসতত)

অন্যান্য বাণীতেও, সৎগুরু অস্ত্রের নাম বর্ণনা করেছেন, তাদের শ্রদ্ধা ও সুরক্ষার কথা বলেছেন। তিনি শুরু থেকেই ভালো ও মন্দের মধ্যে যুদ্ধের বর্ণনা দিয়েছেন, যেমন 'চণ্ডী কি বার', 'চণ্ডী চরিত্র', 'উগ্রদন্তী', 'ভাগৌতি স্তোত্র' এবং 'ব্রহ্ম কবচ', যেখানে তিনি অস্ত্রের প্রশংসা করেছেন এবং অস্ত্রকেই গুরু হিসেবে উপস্থাপন করেছেন। অস্ত্রকে সম্মানিত করা হয় এবং উচ্চ মর্যাদায় স্থান দেওয়া হয়। এই পূজা করা হয় কারণ শিখদের জন্ম 'খণ্ড' থেকে, এবং পিত শ্রী গুরু গোবিন্দ সিং এবং মাতা সাহিব কৌরের দত্তক পুত্র খালসা, যিনি গুরুর শব্দ এবং গুরুর বিচার থেকে জন্ম নিয়েছিলেন। শব্দই গুরু আর শিখ এবং সিংহের জন্ম অস্ত্র, খণ্ড থেকে। খালসার প্রকৃতি এবং আত্মা হল গুরুর চিন্তাভাবনা, যা করুণা, নির্ভীকতা, ভক্তি, জ্ঞান, বিজ্ঞান, শিল্প, সঙ্গীত, ত্যাগ এবং ধার্মিকতার মতো মহান গুণাবলীকে ধারণ করে। আমরা গুরুর চিন্তাভাবনা নিয়ে পৃথিবীতে বিচরণ করি। সকল স্থানেই, সৎগুরু জি খালসার প্রশংসা করেন এবং বলেন যে 'আমি যা বলছি তা সত্য, গুরু নানক সাহেব সাক্ষী', কিন্তু এক স্থানে গুরু সাহেব শিখদের চুল এবং অস্ত্র ছাড়া তাঁর কাছে যেতে নিষেধ করেন:

অহৈ মোর আগিআ সুনহু তুম পিআরে
বিনা শস্ত্র কেশোঙ্গ দেবহু ন দিদারে।।

শ্রী গুরু গোবিন্দ সিংহ জির সময় থেকে, দশেরা এবং দীপাবলিতে অস্ত্র পরিষ্কারের বিশেষ প্রথা চালু রয়েছে; এই রীতি চলে আসছে। যখনই একজন শিখ নতুন অস্ত্র হাতে নেন, তিনি প্রথমে এটি কপালে স্পর্শ করেন, মাথা নিচু করে নমস্কার করেন। কৃপাণটি শরীরে (কোমরে) সজ্জিত রাখা হয়। ঠিক যেমন একটি কুকুর যার গলায় দড়ি বাঁধা থাকে, তাকে বোঝায় যে এর অবশ্যই একজন মালিক আছে; এটি পথভ্রষ্ট নয়, বরং এর অবশ্যই কোনও মালিক আছে। একইভাবে, একজন শিখের গলায় দড়ি বাঁধা

থাকলে সকলে বুঝে যায় যে সে গুরু নানক সাহেব জির এবং গুরু গোবিন্দ সিংহ জির শিখ। ভাই নন্দ লাল জিও তাঁর লেখায় নিজেকে গুরু গোবিন্দ সিংহের কুকুর বলে অভিহিত করেছেন। রাতে ঘুমানোর সময়ও কৃপাণ পরা উচিত এবং স্নানের সময় কৃপাণটি তার সাথে রাখা উচিত।

একটি 'সখী' (আধ্যাত্মিক গল্প) মনে আসে: একবার, যখন গুরু গোবিন্দ সিং জি সম্রাট বাহাদুর শাহের দরবারে প্রবেশ করেন, তখন তিনি গুরু সাহেবের প্রশংসা করেন, তাঁর সাহায্যের জন্য তাঁকে ধন্যবাদ জানান এবং তাঁকে মহান আধ্যাত্মিকতার 'নবী' হিসেবে স্বীকৃতি দিয়ে তাঁর সিংহাসনে বসান। এতে বাহাদুর শাহকে ধর্মীয় জ্ঞানের শিক্ষা প্রদানকারী সৈয়দ ক্ষুব্ধ হন। তিনি বলেন, "আমাকে কখনও এখানে বসতে দেওয়া হয়নি, আমাকে কখনও এই সম্মান দেওয়া হয়নি, অথচ আমি সম্রাটের শিক্ষক। আমি তাঁকে ধর্মীয় ও পার্থিব জ্ঞানের শিক্ষা দিয়েছি।" সৈয়দ প্রচণ্ড রেগে গিয়েছিলেন, কিন্তু সম্রাটের উপর তাঁর এই ক্ষোভ দেখাতে পারেননি, তাই তিনি গুরু গোবিন্দ সিং জি'র উপর তাঁর ক্রোধ বর্ষণ করার চেষ্টা করেন। তিনি জিজ্ঞাসা করেন, "মহারাজ, আপনার কাছে অলৌকিক কী আছে? কী শিল্প? আপনি কি ফকির, আপনি কি নিজেকে ওয়ালি আল্লাহ বলে ডাকেন? আপনার কাছে কী আছে?" বাহাদুর শাহ, যদিও তিনি বুঝতে পেরেছিলেন যে সৈয়দ অভদ্রতা করছে, তবুও চুপ করে রইলেন কারণ তিনি তাঁর প্রভু। মহারাজা বললেন, "সৈয়দ, আপনি কি অলৌকিক ঘটনা দেখতে চান?" তিনি বললেন, "হ্যাঁ, আমি অলৌকিক ঘটনা দেখতে চাই।" ভাই সন্তোখ সিং জি গুরুপ্রতাপ সুরজ বইতে এই ঐতিহাসিক ঘটনাটি নিম্নরূপ বর্ণনা করেছেন। সদগুরু জি বলেছেন:

মারেং বখশে দের বিহীনা তিস মুখ মেলক অজমত বিনা।।

তিনি বললেন, "আপনি সারাদিন বাহাদুর শাহের সাথে থাকেন, কিন্তু অলৌকিক ঘটনা সম্পর্কে আপনি জানেন না। অলৌকিক ঘটনা ওনার মুখেই থাকে। যখন তাঁর মুখ থেকে একটি কথা বের হয়, তখন হাজার হাজার মানুষ হাত জোড় করে দাঁড়িয়ে থাকে তাঁর সেই আদেশ পালন করার জন্য। এমন বহু মানুষ আছে, যারা হাজার হাজার কথা বললেও, কেউ একটিও শুনতে প্রস্তুত থাকে না। কিন্তু যখন একজন মানুষ একটি কথা বলে, তখন হাজার হাজার মানুষ হাত জোড় করে দাঁড়িয়ে থাকে তা মেনে নেওয়ার জন্য। যদি এটি অলৌকিক ঘটনা না হয়, তাহলে এটা কী?

সাহেব বললেন, "দেখো, অলৌকিক ঘটনা বাহাদুর শাহের জিহ্বায় থাকে।" সৈয়দ হেসে বললেন, "তাহলে এই অলৌকিক ঘটনা বাহাদুর শাহের। তোমার কাছে কী আছে?" তখন মহারাজ জি তাঁর পকেট থেকে একটি সোনার মুদ্রা বের করলেন, যাকে মুঘল সম্রাটরা দিনার বলতেন। সৎগুরু জি বললেন:

পিখ দীনার জো হাথ হমারে ইহু অজমত লেহু দুতি বিচারে।।

এটি একটি অলৌকিক ঘটনা, একটি মহত্ত্ব। সমগ্র বিশ্বের ব্যস্ততা হল টাকা, এবং টাকা হল বিশ্বের এক নম্বর শক্তি। এটিই হল অলৌকিক ঘটনা। এটি দিয়ে, আপনি এই পৃথিবীতে যা খুশি করতে পারেন। কবি সন্তোষ সিং লিখেছেন, সৈয়দ আরও বলেছেন:

সুন সয়দ বোলিঙ তজ মোন তুম মেং করামাত হ্যা কঙন?

'এই অলৌকিক ঘটনাটি টাকার দ্বারা সাধিত হয়েছে, অপর অলৌকিক ঘটনাটি বাহাদুর শাহ করেছিলেন, তোমার মধ্যে কী আছে?' সৈয়দ হাল ছাড়ছিলেন না, তিনি প্রশ্ন করেই যাচ্ছিলেন।'তোমার মধ্যে কী অলৌকিক ঘটনা আছে?' মহারাজ বললেন, 'তুমি আমাদের অলৌকিক ঘটনা দেখতে চাও।' সৈয়দ রাজি হয়ে গেলেন। গুরু সাহেব বললেন, 'যখন আমরা এটি দেখাতে শুরু করব তখন অস্বীকার করো না।' তখন সৈয়দ বললেন, 'আমি অস্বীকার করব না। আমি এটি দেখতে চাই।' কবি আরও লিখেছেন:

সুন সতিগুর শমশির নিকাশি সভ মহি ছটা সমান প্রগাসি।।

মহারাজ খাপ থেকে তাঁর তলোয়ার বের করলেন, আর তা মেঘের মধ্যে বিদ্যুৎ চমকানোর মতো জ্বলে উঠল।

তত ছিন বদন পীত হুয়ি গঐ লোচন সমুখ ন করতে ভঐ।।

সবার মুখ ফ্যাকাশে হয়ে গেল, ভাবছিল কী হচ্ছে। বাহাদুর শাহও মাথা নিচু করে বসে পড়লেন, ভাবছিলেন কী হতে চলেছে। এবার সৎগুরু সৈয়দের দিকে ফিরে বললেন:

তেজ দীপক শ্রী মুখ তে কহৈঙ্গ ঐহ ভি করামাত ইক হ্যাং।।

"আমার কাছে এই অলৌকিক ঘটনা আছে, এই অস্ত্র! এবার বলো, এর অলৌকিক ঘটনা দেখাও। আমি তোমাকে এর অলৌকিক ঘটনা দেখাবো।"

সৈয়দ কাঁপতে কাঁপতে হাত জোড় করে বললেন। "না, মহারাজ! আমি তোমার সাথে কথা বলছিলাম, তোমার সাথে মজা করছিলাম।" সৎগুরু জি বললেন, "এটা শুধু কথার ব্যাপার নয়, এখন তুমি বলো, আমি তোমাকে অলৌকিক ঘটনা দেখাবো?" সৈয়দ এবার বারবার হাত জোড় করতে লাগলেন। সৎগুরু জি বাহাদুর শাহকে বললেন, " এটি দেখে অনেকেই ঠান্ডা হয়ে যায়। এটি একটা অলৌকিক ঘটনা।"

আমাদের দেশের জ্ঞানী পণ্ডিত চাণক্য, ভরথরী এবং বিদুরও সম্মান এবং গর্বের কথা বলেছেন। যেখানে সম্মান আছে সেখানেই যাওয়া উচিত। এই দুটি একসাথে থাকে। যদিও অনেকে সম্পদকে অগ্রাধিকার দেয় এবং তারপর শারীরিক সম্মান, বৌদ্ধিক সম্মান এবং রাজনৈতিক সম্মানের কথা বলে।

কিন্তু শিখদের প্রার্থনায়, পণ্ডিত এবং ভক্তরা এই শব্দগুলি যুক্ত করেছেন: "হে মনের প্রভু, আত্মার শক্তি, প্রকৃত পিতা, ওয়াহেগুরু জি।" একইভাবে, গুরু অর্জন সাহেব বলেন, "হে প্রভু! তুমি আমার নানকের ভক্তি, শক্তি, অনুভূতি, সম্মান এবং গর্ব।"

চরণ কমল অধরু জন কা রাসি পুঁজি ঐকা।।

তানু মানু দিবানু সাচা নানক কি প্রভ টেক।।

(অঙ্গ ৬৭৫)

অন্য কথায় বলা যায়, তিনি আমাদের সমস্ত অহংকার এবং অভিমান দূর করার শিষ্টাচার শেখান, তা বলে যে, 'হে প্রভু, আপনার ঘরে সবকিছু আছে এবং আমরা আপনাকে ভালোবাসি, তাই দয়া করে আমাদের ক্ষমা করুন':

মানু মাংঊ তানু মাংঊ ধনু লখমী সুত দেহ।।

(অঙ্গ ১৩০৭)

প্রত্যেক শিখের কিরপাণকে সম্মান করা উচিত। এটি কখনও শাকসবজি বা ফল কাটার জন্য, অথবা পেরেক মারার জন্য ব্যবহার করা উচিত নয়। কিরপাণ বেল্ট দিয়ে বেঁধে রাখা উচিত, ঠিক যেমন একটি কুকুরের গলায় একটি পট্টি থাকে, যা ইঙ্গিত করে যে এর একজন মালিক আছে এবং সে পথভ্রষ্ট নয়। একইভাবে, আমাদের ধর্মীয় পিতা, শ্রী গুরু

গোবিন্দ সিং জি, আমাদের প্রভু; তিনি আমাদের এই ভালোবাসার প্রতীক দিয়েছেন। ভাই নন্দ লাল জি নিজেকে গুরু গোবিন্দ সিংহের কুকুর বলে অভিহিত করেছিলেন। ভাই সাহেব জি-র রচনা, গঞ্জনামা-তে দুটি শ্লোক পাওয়া যায়:

লাঅল সগে গুলামি গুর গোবিন্দ সিংহ।।

দাগদারি নামি গুর গোবিন্দ সিংহ।।

কমতরি জি সিন্ধনি গুর গোবিন্দ সিংহ।।

রেজা-চিনি খাওনি গুর গোবিন্দ সিং।।

ভক্ত শ্রী কবীর জি নিজেকে ঈশ্বরের কুকুর বলে অভিহিত করেন এবং বলেন যে 'মতি আমার নাম':

কবির কুকরু রাম কো মুতিআ মেরো নাঙু।।

গলে হমারে জেওরি জহ খিঞ্চই তহ জাঙু।। ৭৪।।

(অঙ্গ ১৩৬৮)

হাম কুকর তেরে দরবারী।

ভঙুকহি আগই বদনু পসারী।।

(অঙ্গ ৯৬৯)

শ্রী গুরু নানক সাহেব রাগ বিলাওয়ালে যেমন বলেছেন, ঠিক তেমনই নিজেকে বিনয়ী করে তুলুন: "অনেক কুকুরের মধ্যে আমি একজন অপরিচিত, এবং যদি আমি তোমার উপাসনা করতে না পারি তবে অন্যান্য কুকুর অপরিচিত ব্যক্তিকে আক্রমণ করবে, তবুও তুমি আমার প্রভু।" আদেশটি হল:

ঐতে কুকর হঙু বেগানা ভঙুকা ইসু তন তাই।।

ভগতি হিনু নানকু জে হোয়িগা তা খসমৈ তাঙু ন জাই।।

(অঙ্গ ৭৯৫)

একইভাবে, আমাদের এই পাঁচটি পাপ এড়িয়ে চলতে হবে। যেমন বাণী থেকে নাম, রস এবং শান্তি পাওয়া যায়, তেমনি তলোয়ার ব্যবহার বীরের সারমর্ম প্রদান করে, যা অবিচ্ছিন্ন এবং সহজ বোধ। তলোয়ার বগলের

নিচে রাখার অস্ত্র। প্রয়োজনে সুরক্ষার কথা ভেবে তলোয়ার কমপক্ষে ৯ ইঞ্চি লম্বা হওয়া উচিত। তলোয়ারটি পোশাক বা শার্টের উপরে পরা উচিত। এখানে, আমি আমার কিছু অভিজ্ঞতা বর্ণনা করতে চাই:

একবার, আমি গভীর রাতে গুরুদ্বার সাহেব থেকে ফিরছিলাম। কীর্তন পর্ব অনেক দীর্ঘ সময় ধরে চলেছিল। আনন্দের সাথে, আমি সচখণ্ডের বাসিন্দা সন্ত বাবা হরবংস সিংহ জি ডুমেলির সঙ্গ ছেড়ে পেট্রোল পাম্পে ডিজেল ভরার জন্য আমার গাড়ি পার্ক করি। গাড়ি পার্ক করার পর, আমি কাউন্টারের কাছে আট-দশজন কালো যুবককে দাঁড়িয়ে থাকতে দেখতে পাই। এই যুবকরা একাকী ব্যক্তিকে দেখলেই তার সাথে মজা করে, এমনকি ডাকাতিও করে। যদিও তারা কয়েকজন ছিল, তবুও আমার আত্মা এই দুর্বলতা এবং ডিজেল না কিনে চলে যাওয়ার ভয় মেনে নিতে অস্বীকার করে। গুরুকে আমার রক্ষক ভেবে, আমি জ্বালানি ভরে কাউন্টারে টাকা দিতে গেলাম, কিন্তু দুই-তিনজন যুবক আমাকে ঘিরে ফেলার চেষ্টা করে। একজন আমার কোটের পকেটে হাত দিয়ে আমার শার্টের নীচে থাকা কৃপাণ স্পর্শ করে। সে তৎক্ষণাৎ তার সঙ্গীদের সতর্ক করে দেয়, "ওনার কাছে একটি বড় ছুরি আছে।" তারা সবাই একটু দূরে সরে যায়। আমি কাউন্টারে টাকা দিই এবং সৎগুরুকে তাঁর উদার উপহারের জন্য প্রচুর ধন্যবাদ জানাই। সেদিন কিরপাণ আমাকে কোনও বিরোধ ছাড়াই বাঁচিয়েছিল।

১৯৮৪ সালে, দিল্লিতে শিখদের উপর ব্যাপক গণহত্যা চালানো হয়েছিল এবং আরও অনেক লজ্জাজনক ঘটনা ঘটেছিল। অনেক দিন পর, আমি একটি পাঞ্জাবি টেলিভিশন চ্যানেলে একজন সিংহ-এর সাক্ষাৎকার দেখেছিলাম। এই ঘটনাগুলি যখন ঘটছিল, তখন বেশ কিছু গুন্ডা তার কাছে এসেছিল। তাদের কাছে লাঠি এবং অন্যান্য ধারালো অস্ত্র ছিল। সিংহ তার মৃত্যুকে কাছে আসতে দেখে। তার কাছে আত্মরক্ষার কোনও উপায় ছিল না। সেই মুহূর্তে, তার গুরু তাকে যে কিরপাণ দিয়েছিলেন সেটির কথা তার মনে পড়ে যায়। তার গুরু সাহেবের কথা মনে পড়ে, এবং সেই দলটি আক্রমণ করার আগেই, সে জোরে চিৎকার করে ওঠে, তার কিরপাণ বের করে তাদের দিকে দৌড়ে যায়। এটি দেখে, সমস্ত গুন্ডারা ছত্রভঙ্গ হয়ে যায় এবং সিংহ এই ভয়াবহ ট্র্যাজেডি থেকে রক্ষা পান।

২০০৩ সালে বৈশাখীর সময় (বৈশাখ মাসে পালিত শিখদের বিশেষ অনুষ্ঠান) আমরা ভারত ভ্রমণে বেরিয়েছিলাম এবং বেশ কয়েকটি রাজ্যের ঐতিহাসিক গুরুদ্বারা পরিদর্শন করার সৌভাগ্য হয়েছিল। আমাদের সাথে একটি টয়োটা কোয়ালিস ছিল, যা শীতাতপ নিয়ন্ত্রিত গাড়ি। আমরা চারজন ছিলাম, আমি, আমার মামা, আমার স্ত্রী এবং তার বোন। পাঞ্জাবের বাইরে, অন্যান্য রাজ্যগুলি বিদেশের কোনও দেশ বলে মনে হয়। আমি সবসময় আমার শার্টের উপরে কিরপাণ পরে থাকি, এবং আমার মামা তার শার্টের নীচে এটি পরেন। আমরা এই বিষয়ে আলোচনা করছিলাম। আমি তর্ক করছিলাম, মন্তব্য করছিলাম যে বেশিরভাগ শিখ সাধু এবং ঋষিরা তাদের শার্টের উপরে কিরপাণ পরতে পছন্দ করেন। গাড়িটি চলার সাথে সাথে, গ্রাম এবং শহরের অনেক লোক আমাদের থামানোর চেষ্টা করেছিল, কিন্তু আমরা ড্রাইভারকে বলেছিলাম যে অন্য কাউকে উঠতে না দিতে। আমাদের সতর্ক করা হয়েছিল যে পাঞ্জাব থেকে আসা যাত্রীরা অনেক জায়গায় ছিনতাই হচ্ছে। জয়পুরে রাত কাটানোর পর, আমরা সন্ধ্যার দিকে সেই এলাকা দিয়ে যাচ্ছিলাম, যখন একজন লোক গাড়ি থামানোর জন্য ইশারা করে। আমি ড্রাইভারকে থামাতে বললাম, যদিও আমার মামা নিষেধ করেছিলেন। আমরা গাড়ি থামালাম এবং বৃদ্ধ লোকটিকে গাড়িতে বসিয়ে নিলাম। আমি আমার মামাকে বললাম যে এই বৃদ্ধ লোকটি তার শার্টের উপর কিরপাণ পরে আছে, তাই আমি তাকে চিনতে পেরে গাড়ি থামিয়ে ভেতরে ঢুকতে বললাম। অনেকেই বিভিন্ন ধরণের পাগড়ি পরেন অথবা মাথায় পরনা বা গামছা জড়িয়ে রাখেন, যার ফলে তারা শিখ কিনা তা পুরোপুরি বোঝা কঠিন হয়ে পড়ে। অন্যান্য রাজ্যে, মানুষ প্রায়শই সিংহদের সম্পূর্ণ শিখ পোশাকে দেখতে আগ্রহী হয়। বৃদ্ধ লোকটি আমাদের ওই এলাকার কিছু বিপদ সম্পর্কে অবহিত করেছিলেন এবং রাতে গাড়ি না চালানোর জন্য কঠোরভাবে সতর্ক করেছিলেন, কারণ দস্যুদের দল প্রায়শই এলাকার লোকদের ডাকাতি করে। তারা রাস্তায় পেরেক ছিটিয়ে দেয়, যাতে টায়ার নষ্ট হয়ে যায়। যখন ড্রাইভাররা টায়ার পরীক্ষা করার জন্য থামে, তখন কাছাকাছি লুকিয়ে থাকা ডাকাতরা বেরিয়ে আসে, অস্ত্র দেখিয়ে ডাকাতি করে। তিনি পরামর্শ দিয়েছিলেন, যেন আমরা শিবপুরীর গুরুদ্বারা সিংহ সভাতে রাত কাটাই।

অনেক শিখ প্রায়শই সন্দেহ প্রকাশ করে, বিশ্বাস করে যে তারা অমৃত গ্রহণ করেছে, কিন্তু শান্তি বজায় রাখা কঠিন বলে মনে হয়। তবে, যদি একজন শিখ সম্পূর্ণরূপে গুরু সাহেবের কাছে আত্মসমর্পণ করে, তবে সৎগুরু তাদের রক্ষা করেন। গুরু ইতিহাসে একটি গল্প আছে: এক যুবক, ভাই জোগা সিং, তার বাবা-মায়ের সাথে পেশোয়ার থেকে আনন্দপুর সাহেবে গুরু সাহেবের সাথে দেখা করার জন্য ভ্রমণ করেছিলেন। সৎগুরু তার নাম জিজ্ঞাসা করেছিলেন, এবং তিনি উত্তর দিয়েছিলেন, "জোগা।" তারপর তিনি জিজ্ঞাসা করেছিলেন, "কার জোগা?" তিনি উত্তর দিয়েছিলেন, "আমি গুরু জোগা, আমি তোমার জোগা।" গুরু আরও বলেছিলেন, "যদি তুমি আমার জোগা হও, তাহলে গুরুও তোমার জোগা।" আনন্দপুর সাহেবে কয়েক বছর সেবা করে কাটিয়েছিলেন। তার বাবা, গুরমুখ সিংহ, সৎগুরুকে অনুরোধ করেছিলেন, "দয়া করে আমাকে জোগার বিয়ের জন্য অনুমতি দিন।" অনুমতি নিয়ে, সৎগুরু পেশোয়ারে পৌঁছেছিলেন। সৎগুরু তাদের পরে আরও একজন শিখকে পাঠান। আনন্দ করজ অনুষ্ঠান চলছিল। মাত্র দুটি রাউন্ড সম্পন্ন হয়েছিল, এবং আরও দুটি রাউন্ড বাকি ছিল। ঠিক সেই মুহূর্তে, গুরু কর্তৃক প্রেরিত একজন সিংহ ভাই জোগা সিংকে তার বার্তা দিয়েছিলেন। তাতে লেখা ছিল, "এই বার্তাটি পড়ার সাথে সাথেই আনন্দপুরের উদ্দেশ্যে রওনা হও।"

ভাই জোগা সিংহ 'আনন্দ করজ'(বিয়ে) অনুষ্ঠান মাঝপথে ছেড়ে চলে যান। পরিবার ও আত্মীয়স্বজন তীব্র বিরোধিতা ও শোক প্রকাশ করেন। 'আনন্দ করজ' অনুষ্ঠান সম্পন্ন হওয়ার পর তাকে চলে যেতে বলা হয়, কিন্তু তিনি গুরু সাহেবজির আদেশ পালন করার জন্য তৎক্ষণাৎ রওনা দেন। পথে, আনন্দ ও গর্বের অনুভূতি তাকে আচ্ছন্ন করে ফেলে, "আমি তৎক্ষণাৎ গুরুজির আদেশ পালন করেছি। মাঝপথে আমার বিয়ে ছেড়ে চলে এসেছি; আমার মতো শিখ কে হবে?"এই চিন্তায় তিনি গর্বিত ও অহংকার বোধ করে রাত নামলে হোশিয়ারপুরে পৌঁছান। তার পা এক পতিতার পতিতালয়ের দিকে এগোতে শুরু করে। পতিতালয়ের কাছে যেতেই রক্ষী বলল, "তোমার পোশাক (কিরপাণ পরা) দেখে মনে হচ্ছে তুমি গুরুর লোক। তুমি এখানে কী করছো?" জোগা সিং লজ্জিত হয়ে পিছু হটে গেল। সে আরও তিনবার চেষ্টা করল, কিন্তু প্রতিবারই একই রক্ষীর মুখোমুখি হল।

সকাল হল, জোগা সিং লজ্জিত বোধ করলেন এবং আনন্দপুর সাহেবে পৌঁছালেন। তিনি দরবারে গুরুকে অভ্যর্থনা জানালেন। গুরু জিজ্ঞাসা করলেন, "জোগা, গত রাতে তুমি কোথায় ছিলে?" লজ্জিত হয়ে জোগা সিং কোনও উত্তর দিলেন না। আবার জিজ্ঞাসা করা হলেও, জোগা সিংহ চুপ করে রইলেন। গুরু তখন তাকে বললেন যে তিনি একজন রাতের প্রহরীর ভূমিকা পালন করেছেন, তাকে পাপ করতে বাধা দিয়েছেন এবং তাকে রক্ষা করেছেন। জোগা সিং গুরুর পায়ে পড়ে তার কর্মের জন্য ক্ষমা প্রার্থনা করে ছিলেন, সৎগুরুকে ক্ষমা করতে বলে ছিলেন। সৎগুরু তাকে ক্ষমা করে দিয়েছেন এবং প্রচার করেছেন যে একজন শিখের সর্বদা নম্রতা, গুরুর প্রতি আনুগত্য এবং শান্তিতে বসবাস করা উচিত। গর্বের কারণেই মনে এমন অনুভূতি জাগে যা একজন ব্যক্তিকে অতল গহ্বরে নিমজ্জিত করে। সৎগুরু'র মহানুভবতার কারণে, সেই 'চৌবারা' এখন হোশিয়ারপুরে গুরুদ্বারা 'চৌবারা সাহেব' নামে পরিচিত। ভাই জোগা সিংহ'র নামে পেশোয়ারে একটি গুরুদ্বারও রয়েছে। আমি এখানে আরও উল্লেখ করতে চাই যে যদি কোনও শিখ গুরুর ভক্ত হন, তবে পরীক্ষার সময় গুরু নিজেই তাকে রক্ষা করেন। তার উচিত কেবল গুরুর উপর নির্ভর করা এবং বিনীতভাবে তাঁর কাছে অনুরোধ করা। আদেশটি হল:

মোহ চাকড়ি ফাথে নিঘরত হম জাতে হরি বাংহ প্রভু পকরায়ি জিঊ।।

(অঙ্গ ৪৪৬)

সরব লোহের কিরপাণ দিয়েই কেবল লঙ্গর এবং প্রসাদ দেওয়া হয়। শ্রী গুরু গোবিন্দ সিংহ জি যখন উচ্চ পীর হয়েছিলেন, তখন মুঘল সেনাবাহিনী গুরু সাহেবকে খুঁজছিল। যখন গনি খান এবং নবী খান, ভাই দয়া সিংহ এবং ভাই ধরম সিংহ গুরু সাহেবকে মঞ্জিতে বহন করছিলেন, তখন উচ্চ পীরের চেহারা নিখুঁত ছিল বলে জানা যায়। এই কারণেই মুঘলরা সন্দেহ করেনি। বলা হয় যে তারা বলেছিল, "উচ্চ পীরের আমাদের সাথে এসে খাওয়া উচিত।" তখন শিষ্যরা বলেছিল, "পীর কেবল এক দানা ভাত খান এবং আজ তার উপবাস।" তাই তারা শিষ্যদের তাদের সাথে খেতে আসতে বলেছিল। গুরু সাহেবের কাছ থেকে অনুমতি পেয়ে,

ভাই দয়া সিংহ জি প্রার্থনা করেছিলেন এবং এই পংক্তিগুলি আবৃত্তি করেছিলেন: "গুর পরসাদি ভরম কা নাসু।" (অঙ্গ ২৯৪)। কিরপাণ দেওয়ার পর, তিনি তার খাবার শেষ করেছিলেন। এখন, গুরুদ্বারা কিরপাণ ভেট সাহেব মাছিওয়াড়ায় অবস্থিত। আরও বলা হয় যে, রীতি অনুসারে, লঙ্গর প্রস্তুত করার কোনও সংস্থান ছিল না কারণ মুঘল সেনাবাহিনী শিকারীর মতো তাদের তাড়া করছিল। সেই সময় থেকে, গুরু সাহেব জির অনুমোদনে, প্রার্থনার পর লঙ্গর এবং প্রসাদ প্রদানের ঐতিহ্য শুরু হয়। শিখরা মনে করেন যে খাবারটি পবিত্রতার সাথে প্রস্তুত করা হয়েছে, তাই সৎগুরু জির এবং অকাল পুরখ জির নৈবেদ্য প্রদান করা উচিত যাতে প্রসাদ এবং লঙ্গর পরে সংগঠকের মধ্যে বিতরণ করা যায়। আদেশটি হল:

করি পাকশাল সোচ পবিত্রা হুণী লাভহু ভোগু হরি রাঐ।।

(অঙ্গ ১২৬৬)

আমি আরও উল্লেখ করতে চাই যে পুরোহিতরা বিভিন্ন পাথরের মূর্তিতে ভিন্ন ভিন্ন মুখ লাগিয়ে দেন এবং পরে, পাথরের দেবতাদের মুখে ছাই লেপে দেওয়া হয় যাতে পোকামাকড় তাদের মুখে আটকে না পারে। ভক্ত কবীর জি আসা রাগে এটি উল্লেখ করেছেন:

ভাতু পহিতি অরু লাপসি করকার কাসারু।।

ভোগনহারে ভোগিআ ইসু মুরত কে মুখ ছারু।।

(অঙ্গ ৪৭৯)

১৯৮৪ সালের গোড়ার দিকে, আমি সন্ত জারনাইল সিংহ জির সাথে দেখা করেছিলাম এবং তাঁর উপদেশ শুনেছিলাম। তিনি সেই সময় গুরু নানক নিবাসে থাকতেন। তিনি বলেছিলেন যে সিংহদের কিরপাণ ছাড়া অন্য অস্ত্র যেমন রিভলবার এবং বন্দুক রাখা উচিত। একজন সিংহ সাহস করে তাকে জানান যে তিনি একটি রাখতে চান কিন্তু সরকারের কাছ থেকে লাইসেন্স পাননি। সন্ত জি তখন জিজ্ঞাসা করেন, "সিংহ জি, বলুন তো, গুরু গোবিন্দ সিংহ জি কি ঔরঙ্গজেবের কাছ থেকে লাইসেন্স পেয়েছিলেন?"

১৯৮৪ সালে যখন শ্রী দরবার সাহিব আক্রমণ করা হয়, তখন বিদেশে বসবাসকারী অনেক তরুণ অস্ত্রের প্রতি আকৃষ্ট হয়। সেনাবাহিনী কর্তৃক

শ্রী দরবার সাহিব অপবিত্র করার ফলে শিখরা তাদের চাকরি ছেড়ে শ্রী দরবার সাহিবের দিকে যাত্রা করে। শিখদের জীবন্ত পুড়িয়ে মারা হয়, মহিলাদের অসম্মান করা হয় এবং অন্যান্য মন্দির অপবিত্র করা হয়। ইংল্যান্ডের অনেক শিখও বন্দুক চালানো শিখতে শুরু করে এবং অস্ত্র বহনের জন্য সরকারি লাইসেন্স পায়। এমনকি তিনটি অস্ত্র বহন করার লাইসেন্সও পেয়ে যায়। এক সন্ধ্যায়, স্যান্ডওয়াল শুটিং সেন্টারে অনুশীলন করার পর, গাড়িতে রিভলবার রাখার পরিবর্তে, আমি রিভলবারটি কেসে রাখা অবস্থায় গুরুদ্বারা সাহিবে গিয়েছিলাম। (আমার কাছে রিভলবারের জন্য কেসটি ডান দিকে ছিল কারণ বাম দিকে ছিল শ্রী সাহেবের কিরপাণ।) অথবা, এটা বলা যেতে পারে যে যারা তাদের বাম হাত ব্যবহার করেন তারা প্রায়শই এটি এইভাবে পরেন। অনুশীলনের সময়, ৫০ বা ১০০ মিটার দূরত্বে লক্ষ্যবস্তু রেখে টার্গেট করা হত, যা ৪ নম্বর থেকে ১০ নম্বর (সেরা) পর্যন্ত বিভক্ত। এই অস্ত্রগুলি রাখার অনুমতি অত্যন্ত নিরাপত্তার সাথে দেওয়া হয়। দিওয়ানের পর বাবা জি সন্ত হরবংস সিংহ জি ডুমেলি ওয়ালে রিভলবারটি দেখার ইচ্ছা প্রকাশ করেন। তারপর আমি তাকে রিভলবারটি দেখাই। হাতে নিয়ে আমরা এর ওজন, গুলি চালানোর পদ্ধতি এবং লক্ষ্যবস্তু নির্ধারণ ইত্যাদি বিষয়ে কথা বলি। তারপর এটি ফেরত দেওয়ার সময় তিনি বলেন, সিংহদের অবশ্যই অস্ত্রের প্রয়োজন। দশম পাদশাহ জি তাকে পীর বলে সম্বোধন করেছেন এবং তার অনেক প্রশংসা করেছেন।

পরবর্তীতে, ইংল্যান্ডে, উন্মাদনা এবং ক্রোধে উদ্‌বুদ্ধ এক ব্যক্তি হাঙ্গারফোর্ডে অনেক শিশু সহ অনেক মানুষকে গুলি করে হত্যা করে। জনসাধারণের চাপের মুখে, সরকার মূল্য পরিশোধ করে লাইসেন্সপ্রাপ্ত কর্তৃপক্ষের কাছ থেকে সমস্ত অস্ত্র পুনরায় কিনে নেয়।

কিরপাণ আমাদের চিরন্তনতার কথা মনে করিয়ে দেয়। এটি আত্মরক্ষার জন্য ঢাল হিসেবে কাজ করে। দরিদ্র ও নিপীড়িতদের রক্ষা করার জন্য কৃপাণ ব্যবহার করা উচিত, তবে সবচেয়ে বড় কথা হল সংযম এবং ধৈর্যের সাথে তা করতে হবে। কিরপাণ দুর্দশাগ্রস্তদের সুরক্ষা প্রদান করে এবং দুষ্টের প্রতি একটি প্রবল আঘাত হানে। আমরা যদি খুব কাছ থেকে দেখি, তবে বেশিরভাগ অবতারের কাছেই কোনও না কোনও অস্ত্র থাকে। রামচন্দ্রের তীর-ধনুক ছিল, কৃষ্ণের সুদর্শন চক্র ছিল, হনুমানের

গদা ছিল, পরশরামের কুড়াল ছিল এবং মহম্মদ সাহেবের তরবারির উল্লেখ "সর্ব লোহ"-এও রয়েছে।

ইংল্যান্ডের বার্মিংহামের গুরু নানক নিষ্কাম সেবক জাঠের প্রধান ভাই সাহেব মহিন্দর সিংহ জি, কয়েকজন সঙ্গীসহ, পোপের সাথে দেখা করতে ইতালির ভ্যাটিকান যান। শিখ ঐতিহ্য অনুসারে, তারা সম্মানের সাথে পোপকে শ্রী সাহেব ভাব কিরপাণ উপহার দেন। ভ্যাটিকান প্রশাসকরা, যারা এই প্রথার সাথে অপরিচিত ছিলেন, তারা বলেন, "আপনি কোনও নরম জিনিস উপহার দিতে পারবেন না।" ভাই সাহেব তখন উত্তর দেন, "আমাদের কি টেডি বিয়ার আনা উচিত?" ২০১৯ সালের আগস্টে বার্মিংহাম বিশ্ববিদ্যালয়ে শ্রী গুরু নানক সাহেব জি-এর ৫৫০তম বার্ষিকী উদযাপনে ভাই সাহেব জি নিজেই এই ধর্মোপদেশটি দিয়েছিলেন। এই কথা শুনে পুরো মণ্ডলী হেসে উঠেছিল। (আমার বই, "মূল মন্ত্র বিচার", এই সমাবেশের সময় মণ্ডলীর সামনে উপস্থাপন করা হয়েছিল।)

কাউকে সম্মান জানাতে কিরপাণ দেওয়া হয়। তখত সাহেবের জাঠেদাররা বড় কিরপাণ বহন করেন। কিরপাণ খালসাকে ধর্মীয় স্বাধীনতা, ন্যায়বিচার এবং করুণার জন্য দৃঢ়ভাবে দাঁড়ানোর কথা মনে করিয়ে দেয়। এটি সাহস, আত্মসম্মান এবং আত্মরক্ষার প্রতীক। এটি শিখদের মনে করিয়ে দেয় যে তারা কেবল সাধু নন; গুরু সাহেব তাদের সৎ সৈনিক বানিয়েছেন। তাদের অবশ্যই সৎ নীতি এবং প্রজ্ঞার সাথে তাদের কর্তব্য পালন করতে হবে। শিখ ধর্মের মূল্যবোধ সমুন্নত রাখার জন্য তাদের যেকোনও ধরণের ত্যাগের জন্য প্রস্তুত থাকতে হবে। কিরপাণ অকারণে কাউকে আক্রমণ করার জন্য নয়; এটি একটি আশীর্বাদ, ক্ষমার প্রতীক।

কিরপাণ একটি আধ্যাত্মিকতার প্রতীক যা একজন শিখের হৃদয় ও মন থেকে নেতিবাচক চিন্তাভাবনা দূর করার অঙ্গীকারকে নির্দেশ করে। কিরপাণ বাম দিকে পরা হয়। শরীরের বাম দিকটি একজন মহিলার মতো নরম এবং সূক্ষ্ম এবং আরও ইতিবাচক, দৃঢ় শক্তি ধারণ করে, সংবেদনশীল, অভ্যন্তরীণ এবং ব্যক্তিগত আবেগকে ধারণ করে। যেহেতু বাম দিকটি আরও সংবেদনশীল, তাই এটি কখনও কখনও নেতিবাচক চিন্তাভাবনা দ্বারা প্রভাবিত হয়। সেই সময়, প্রতীকী চিন্তাশক্তিকে রক্ষা করার জন্য লোহার তলোয়ারটি সরবরাহ করা হয়। তরবারিটি ডান হাত

দিয়ে টানা এবং ব্যবহার করা হয়, যা পুরুষতন্ত্রের প্রতিরক্ষামূলক, সক্রিয়, উদ্যোগী এবং সতর্ক অংশকে প্রতিনিধিত্ব করে।

প্রাচীন লোককাহিনীও এই বিশ্বাসকে সমর্থন করে যে লোহা মানুষকে কু-আত্মা থেকে বাঁচায়, পুরুষত্ব এবং সাহসিকতা রক্ষা করে। কু-আত্মারাও পরিধানকারীকে এড়িয়ে যায়। কবরস্থানের চারপাশে লোহার রেলিং এবং গেট স্থাপন করা একটি পুরুষতান্ত্রিক ঐতিহ্য, যাতে আত্মারা জীবিতদের থেকে দূরে থাকে। ঘরের সামনে ঘোড়ার নাল স্থাপন মূলত মন্দ আত্মাদের প্রবেশ রোধ করার উদ্দেশ্যে করা হয়েছিল, কিন্তু পরে এটি সৌভাগ্যের সাথে যুক্ত করা হয়েছিল। এতে সাতটি পেরেক ব্যবহার করা হয় এবং বিশ্বের বেশিরভাগ অংশে সাত নম্বরটিকে সৌভাগ্যের প্রতীক বলে মনে করা হয়। মালয়েশিয়ায়, অনেক গর্ভবতী মহিলা তাদের চুলে লোহার পেরেক গুঁজে রাখেন সুরক্ষার জন্য, তাদের সাথে একটি লোহার ছুরি রাখেন। এটা বিশ্বাস করা হয় যে মন্দ আত্মারা তড়িৎ চৌম্বকীয় শক্তি প্রকাশ করে এবং প্রয়োগ করে; লোহার সংস্পর্শে এই শক্তি দুর্বল হয়ে যায়।

আনন্দপুর সাহেবের চারপাশে নিরাপত্তার জন্য গুরু গোবিন্দ সিংহ জি ছয়টি দুর্গ নির্মাণ করেছিলেন। শক্তির দিক থেকে, লোহগড় দুর্গ ছিল আনন্দগড় দুর্গের পরে দ্বিতীয় শক্তিশালী দুর্গ। এখানে লোহার অস্ত্র তৈরি করা হত। এটি একটি গোলাবারুদ কারখানা হিসেবেও কাজ করত। পাহাড়ি রাজারা দুর্গের ফটক ভাঙার জন্য একটি হিংস্র হাতি পাঠিয়েছিলেন, যার সাথে গুরু সাহেবের আশীর্বাদে ভাই বচিতর সিংহ একাই লড়াই করেছিলেন। হাতির কপালে লোহার প্লেট বাঁধা ছিল। সৎগুরু বচিতর সিংকে একটি 'নাগনি বর্শা' দিয়েছিলেন এবং এটি কীভাবে ব্যবহার করতে হবে তার নির্দেশ দিয়েছিলেন। 'নাগনি বর্শা' হাতির কপালে আঘাত করার সাথে সাথেই এটি পিছু হটে পালিয়ে যায় এবং পাহাড়ি ও মুঘল সৈন্যদের পিষ্ট করে।

আবিষ্কৃত সবচেয়ে প্রাচীন তলোয়ারটি তুরস্কের বলে মনে করা হয়, যা খ্রিস্টপূর্ব ৩৩০০ অব্দে তৈরি হয়েছিল। জাপানে তৈরি সবচেয়ে সুন্দর তলোয়ার, যার নাম মাসামুনে। এটি জাপানি জেনারেল শোগুনের কাছ থেকে অন্য একজনের কাছে স্থানান্তরিত হয়েছিল বলে মনে করা হয়। বিশ্বের অনেক জাদুঘরে প্রাচীন অস্ত্র এবং তলোয়ার পাওয়া যায়। প্রায় ৫০ বছর আগে, চীনের একটি সমাধিতে প্রায় ২০০০ বছর বয়সী একটি

তলোয়ার পাওয়া গিয়েছিল এবং এর নাম ছিল 'গৌজাইন'। এতে কোনও মরিচা পড়েনি এবং এটি ছিল সূক্ষ্ম কারুকার্যের একটি নমুনা। এটি প্রাচীন হওয়া সত্ত্বেও, যখন একজন প্রত্নতাত্ত্বিক নিজের আঙুলটি তার উপর চালান, তখন তা থেকে রক্ত ঝরতে শুরু করে। এটি সম্রাট গৌজাইনের তরবারি বলে মনে করা হয়। এটি চীনের ঐতিহ্যবাহী কোষাগারে সংরক্ষিত আছে। বিশ্ব ইতিহাসে এমন অনেক তলোয়ারের কথাও উল্লেখ করা হয়েছে যার খাপে মূল্যবান হীরা এবং মুক্তা খচিত ছিল, যা সম্রাটদের তলোয়ারের প্রতি ভালোবাসা প্রকাশ করে। অনেক তলোয়ার একটি নির্দিষ্ট যুদ্ধে একটি নির্দিষ্ট সেনাপতি দ্বারা ব্যবহৃত হওয়ার জন্যও বিখ্যাত।

ভারতের ভেতরে বিমান ভ্রমণের সময় কিরপাণ পরার উপর কোনও নিষেধাজ্ঞা নেই। কানাডায়, দেশের ভেতরেও ছোট কিরপাণ পরা যেতে পারে। তবে, বর্তমানে বিদেশী এবং আন্তর্জাতিক ভ্রমণের সময় এটি অনুমোদিত নয়। আমাদের প্রধান শিখ সংগঠনগুলির উচিত এই বিষয়টির জন্য লড়াই করা যাতে শিখদের তাদের শরীর থেকে এই কিরপাণটি খুলে ফেলতে না হয়। বর্তমানে, বেশিরভাগ অমৃতধারী ব্যক্তি, সৎগুরুর কাছে প্রার্থনা এবং ক্ষমা প্রার্থনা করার পরে, কিরপাণটি খুলে তাদের স্যুটকেসে রাখেন। তাদের গন্তব্যে পৌঁছে, তারা পুনরায় প্রার্থনা করেন এবং এটি আবার পরেন। যদি আমাদের সংগঠনগুলি আমাদের সরকারকে এটি গ্রহণ করতে রাজি করাতে পারে, তাহলে আন্তর্জাতিক সরকারগুলিকেও অনুরোধ করা যেতে পারে। এই কিরপাণটি পুনঃস্থাপন করা একটি বড় প্রাপ্তি হয়ে উঠবে, যদি এই ধর্মীয় কিরপাণটির সঠিকভাবে ব্যাখ্যা করা হয়, কর্মকর্তারা একমত হন। লন্ডনে ২০১২ সালের অলিম্পিক গেমসের সময়, অন্যান্য অস্ত্র নিষিদ্ধ করা হয়েছিল, তবে কিরপাণ পরার অনুমতি ছিল। বিশ্বের বেশিরভাগ শিক্ষা প্রতিষ্ঠানেও এটি অনুমোদিত, তবে কিছু জায়গায়, সঠিক তথ্যের অভাবে, এটি কেবল একটি অস্ত্র হিসাবে বিবেচিত হয়।

কৃপাণ হল কৃপার প্রশংসা এবং আশীর্বাদ। শিখরা সর্বপ্রথম সাধু, এবং আক্রমণ করা হলে তাদের অবশ্যই সৈনিক হতে হবে। গুরুমুখ সাধুরা কৃপাণকে প্রাকৃতিক শক্তি এবং আগুনের উপাদানের সাথে যুক্ত করেন, এটিকে আগুনের একটি অংশ বলে মনে করেন। তবে, শিখদের কৃপাণ নিয়ন্ত্রণে রাখার নির্দেশ দেওয়া হয়েছে।

সুতরাং, এটা নিশ্চিতভাবে বলা যেতে পারে যে, কিরপাণ একটি পবিত্র অস্ত্র, হামলা বা আক্রমণের জন্য নয়, বরং আত্মরক্ষা এবং নিপীড়িতদের সুরক্ষার জন্য ব্যবহৃত হয়। এটি অন্যায় প্রতিরোধের জন্যও ব্যবহৃত হয়। এটি গুরু সাহেব কর্তৃক উপরোক্ত পরিস্থিতিতে খালসাকে অনুমোদিত একটি অস্ত্র, এবং অন্য কোনও পদ্ধতি কার্যকর না হলে এর ব্যবহার উপযুক্ত। রিভলবার, বন্দুক এবং বর্শার মতো অস্ত্রও পাওয়া গিয়েছে, কিন্তু সৎগুরু কৃপাণ প্রদান করেছিলেন। তাঁর সময়ে, সৎগুরু কখনও রাগে বা আক্রমণের উদ্দেশ্যে এটি ব্যবহার করেননি; তিনি কেবল সুরক্ষার জন্য এটি ব্যবহার করেছিলেন। সৎগুরু সিংহদের সশস্ত্র করেছিলেন এবং ভাই দেশা সিংহের রেহতনামা লেখা আছে:

শসতর হীন কবহু নহি হোই রহিতংবৎ খালসা সোই।।

কচ্ছেরা

পঞ্চম কক্কর হল কচ্ছেরা, যা সকল অমৃতধারী নারী ও পুরুষের পরতে হয়। কচ্ছেরার জন্য তারা নিজেদের পছন্দ অনুসারে কাপড় বেছে নিতে পারে, যা শরীরের জন্য উপযুক্ত। সাধারণত, কচ্ছেরার জন্য কমপক্ষে দুই মিটার কাপড় ব্যবহার করা হয়, তবে নিহং সিং এবং অন্যান্য 'বিহঙ্গম'রা পাঁচ মিটার বা তার বেশি ব্যবহার করে থাকে। কচ্ছেরা একটি নির্দিষ্ট পদ্ধতি অনুসারে তৈরি করা হয়; এর আকার নির্দিষ্ট নয়। তবে, কচ্ছেরা তৈরির জন্য বিভিন্ন পদ্ধতি গ্রহণ করা হয়। কেউ কেউ প্রথমে এটিকে ব্যাগের আকারে কেটে ফেলেন এবং এর আকারের উপর অনেক কিছু নির্ভর করে। অনেক নিহং সিং হাঁটু পর্যন্ত লম্বা কচ্ছেরা পরেন। কচ্ছেরার প্রান্ত ভাগও সেলাই করা হয়। এর সেলাই খোলা থাকা উচিত নয়। কচ্ছেরা তৈরি করতে, কাপড়টি প্রথমে তির্যকভাবে কাটা হয়। এই কারণেই এটিকে 'রেব কচ্ছেরা'ও বলা হয়। এটি বাঁধার জন্য একটি দড়ি ব্যবহার করা হয়, ইলাস্টিক নয়। সবাই সহজেই কচ্ছেরা তৈরি করতে পারে না, এর জন্য প্রশিক্ষণ নিতে হয়।

কচ্ছেরা পবিত্রতার প্রতীক এবং এটি সৈনিকদের জন্য তৈরি পোশাক। যুদ্ধের জন্য অন্য কোনও প্রস্তুতির প্রয়োজন হয় না। কচ্ছেরা অভ্যন্তরীণ এবং বাহ্যিক উভয় পোশাক হিসেবে ব্যবহার করা যেতে পারে। অন্তর্বাস বা বাহ্যিক পোশাক যায় হোক না কেন, কচ্ছেরা নিখুঁত হতে হয় এবং দক্ষতার সাথে তার উদ্দেশ্য পূরণ করা প্রয়োজন। কচ্ছেরা পরিধানকারীকে গর্ব, প্রশংসা, নম্রতা, বিনয়, সদাচার, পবিত্রতা, সত্য, সম্মান, মর্যাদা এবং আভিজাত্যের অনুভূতি দেয়। 'রেব কচ্ছেরা' তির্যকভাবে কাটা হয়। অতএব, এটিকে ব্রেকযুক্ত কচ্ছেরাও বলা হয় কারণ এটি যেভাবে কাটা এবং সেলাই করা হয় তা উরুতে আটকে থাকে। উদাহরণস্বরূপ, যদি কেউ 'বক্সার শর্টস' পরে থাকে এবং হাঁটু গেড়ে বসা হয়, তবে তারা তাদের শরীরের অংশগুলি সম্পূর্ণরূপে ঢেকে রাখতে

পারবে না, যেখানে কচ্ছেরা সহজেই তাদের শরীরের অংশগুলি ঢেকে রাখে। একই কথা প্রযোজ্য। যদিও সৎগুরু অন্য কোনও পোশাক সীমাবদ্ধ করেননি, তিনি কচ্ছেরা পরার নির্দেশ দিয়েছিলেন। কচ্ছেরাটি একই রঙের হওয়া উচিত, বহু রঙের বা নকশা করা নয়। কচ্ছেরার জন্য সাধারণত সুতির কাপড় ব্যবহার করা হয়; কাপড়ের ধরণের উপর কোনও বিধিনিষেধ নেই, তবে এটি স্বচ্ছ বা পাতলা হওয়া উচিত নয়। কচ্ছেরার কাপড় যাতে ছিঁড়ে না যায় তার জন্য শক্তভাবে সেলাই করা উচিত নয়। এটি সেলাই ছাড়াই ঢিলাঢালা থাকা উচিত। কচ্ছেরাতে ইলাস্টিক ব্যবহার করা হয়না। তবে, আমেরিকাতে ইলাস্টিক কচ্ছেরা তৈরির খবর পাওয়া গিয়েছে। গুরু গোবিন্দ সিং জি একজন সন্ত হওয়ার প্রতীক হিসেবে কচ্ছেরা প্রদান করেছিলেন। গুরু গোবিন্দ সিং জি-র সময়ে বসবাসকারী ভাই গুরদাস জি তাঁর ৪১তম শ্লোকে কচ্ছেরার কীর্তি বর্ণনা করেছেন:

উহ গুরু গোবিন্দ প্রগটিও দশবেঙ অবতারা।।
জিন অলখ অকাল নিরঞ্জনা জপিও করতারা।।
নিজ পন্থ চলায়িও, খালসা ধরি তেজ করারা।।
সির কেশ ধারী গহি খড়গ কো সভ দুসট পছারা।।
সিল জত কী কছ্ছ পহির পকড়িও হথিআরা।।
সচ্চ ফতে বুলাই গুরু কী জিতিও রণ ভারা।।

সৎগুরু এবং শ্রী গুরু গ্রন্থ সাহেব ব্রহ্মচর্য, অবিবাহিত বা কুমার থাকা, অথবা ঘর ছেড়ে সন্ন্যাস গ্রহণকে অনুমোদন করেন না।

জতি সদাভহি জুগতি ন জানহি ছড়ি বহহি ঘর বারু।।

(অঙ্গ ৪৬৮)

যদিও ইতিহাসে ছয়টি 'জতি'র নাম পাওয়া যায়, যেমন: গোরখ, দত্তাত্রে, হনুমান, ভৈরব, লক্ষ্মণ এবং ভীষ্ম পিতামহ, কিন্তু শ্রী গুরু গ্রন্থ সাহেব জি-তে একটি আদেশ রয়েছে যে তারা সকলেই কেবল মায়ার জালে আবদ্ধ থেকেছেন:

ছিয়া জতি মায়িআ কে বন্দা।।
নভৈ নাথ সূরজ অরু চন্দ্রা।।

(অঙ্গ ১১৬০)

ইকি বিন্দু জতন করি রাখদে সে জতি কহাভহি।।

(অঙ্গ ৪১৮)

কীভাবে প্রাচীন জাতি হওয়া যায়। প্রাচীন জাতিগুলি এরকমই ছিল, ভাই গুরুদাস জি ব্যাখ্যা করেছেন:

ঐকা নারী জতি হোয়ি পর নারী ধী ভৈন ভখানৈ।।

সদ্গুরু একজন পুরুষ এবং একজন মহিলার মধ্যে পারস্পরিক ভক্তির কথা বলেছেন। যে ব্যক্তি এই নীতি মেনে চলতে ব্যর্থ হয়, সে শিখ ধর্ম থেকে পতিত হয়। এটি একটি পাপ বা খারাপ অভ্যাস হিসাবে বিবেচিত হয়। অন্যের সম্পদ ত্যাগ করতে হবে। কিছু আজ্ঞা নিম্নরূপ:

পর ধন পর দারা সিও রচিও বিরথা জনমু সিরাভৈ।।

(অঙ্গ ৬৩২)

পর ধন পর দারা পর নিন্দা ইন সিউ প্রীতি নিভারি।।

(অঙ্গ ৩৭৯)

পর ধন পর দারা পরহরী।। তা কৈ নিকটি ভসৈ নরহরি।।

(অঙ্গ ১১৬৩)

এই ধরণের চিন্তাভাবনা শ্রী গুরু গোবিন্দ সিংহ জী থেকে আসেনি বরং স্বয়ং সৎগুরু শ্রী গুরু নানক দেব জী বলেছিলেন যে, স্ত্রী ব্যতীত অন্য কোনও নারীর প্রেমে পড়া বিষ খাওয়ার মতো:

পর ধন পর নারী রতু নিন্দা বিখু খাই দুখু পায়িআ।।

(অঙ্গ ১২৫৪)

এই আদেশ কেবল পুরুষদের জন্য নয়, 'সরব লোহ'-তে মহিলাদের জন্যও একটি ফরমান রয়েছে:

চৌপই

পর পুরখ সে রতি জে করৈ।।
জনম অনেক নরক মহি গিরে।।
শ্রী গুরু গ্রন্থ সাহেবে 'ফরমান' আছে:
কামনি চাহৈ সুন্দরী ভোগু।।

পান ফুল মিঠে রস রোগ।।
খিলৈ বিগসৈ তেতো সোগ।।
প্রভ সরণগতি কিন্স হোগ।।

(অঙ্গ ১১৮৭)

সৎগুরু জী শিখ এবং মহিলাদের সাধারণ পোশাক পরার কথা বলেছিলেন, কিন্তু আজকের ফ্যাশনে, টেলিভিশন, ইন্টারনেট এবং পর্নোগ্রাফিক ছবিতে মহিলাদের উত্তেজক পোশাক কামদেবের আগুনে ঘি ঢালছে। সৎগুরু জী বলেন:

রঙ্গনা হোইআং বোধিআ পুরস হোঐ সইআদ।।

(অঙ্গ ২৪৩)

সৎগুরু জী সিংহদের কামের আবেগকে সীমার মধ্যে রাখার নির্দেশ দিয়েছিলেন, একই সাথে তিনি মহিলাদের এই নির্দেশও দিয়েছিলেন:

ইসু জগ মহি পুরখু ঐকু হ্যা হোর সগলি নারী সবাই।।

(অঙ্গ ৫৯১)

ঈশ্বর যেমন এক এবং অদ্বিতীয়, তেমনি একজন বিবাহিত নারীর উচিত তার স্বামী ব্যতীত সকল পুরুষকে একই নজরে দেখা উচিত। সৎগুরুজির স্পষ্ট বার্তা হল, কামের প্রভাবে উপভোগ করা যৌন আনন্দ মানবদেহকে রোগের খনিতে পরিণত করে। আদেশটি হল:

কামু ক্রোধ কায়িআ কড়ু গালৈ।।
জিঊ কঞ্চন সোহাগা ঢালৈ।।

(অঙ্গ ৯৩২)

সৎগুরু জী ছিলেন একজন দূরদর্শী মানুষ। ভদ্রতার সীমার মধ্যে বসবাস করে বলেই, এইডসের মতো রোগ শিখদের স্পর্শ করতে পারেনি এবং তামাক ব্যবহার নিষিদ্ধ হওয়ার জন্য, বিশ্বে শিখরা অনেক রোগ থেকে রক্ষা পেয়েছে।

একসময়, ভাই সাহেব হরভজন সিং যোগী জী মার্কিন সরকারকে পরামর্শ দিয়েছিলেন এবং সুপারিশ করেছিলেন যে তামাক এবং এইডস রোগীদের উপর সরকার যে পরিমাণ ব্যয় করে তা তাদের জনসংখ্যা

অনুসারে শিখ প্রতিষ্ঠানগুলিকে দেওয়া উচিত, কারণ শিখরা এই রোগে ভোগেন না কারণ গুরু সাহেব তাদের এমন আশীর্বাদ দিয়ে রেখেছেন।

জন্মসখীতে উল্লেখ আছে যে, যখন কলিযুগ গুরু নানক সাহেবের সাথে দেখা করতে এসেছিলেন, তখন তিনি এক হাতে জিহ্বা এবং অন্য হাতে লিঙ্গ ধরেছিলেন এবং তাঁর দেহ ছিল নগ্ন। অসম্মানের জন্য ক্ষমা চাওয়ার পর তিনি বলেছিলেন, "কলিযুগে মানুষ এই বৈশিষ্ট্যগুলি গ্রহণ করবে। সমগ্র বিশ্ব এই দুটি রুচি দ্বারা গ্রাস করবে: খাওয়া এবং যৌনতা। পিতামাতা এবং গুরুদের সামনেও লজ্জা পরিত্যাগ করা হবে।"

কচ্ছেরা পরার উদ্দেশ্য কেবল যৌনাঙ্গ ঢেকে রাখা নয়, বরং আত্মনিয়ন্ত্রণ বিকাশ করাও। সামাজিক কাঠামো বজায় রাখার জন্য সামাজিক ভদ্রতা বজায় রাখা অপরিহার্য। তামাক সেবন, চুল কাটা এবং হালাল খাবার খাওয়ার মতো অন্যান্য কুকর্ম সদগুরুর নিষেধ থাকলেও, এগুলি থেকে বিচ্যুত হওয়ার জন্য কোনও শাস্তি নেই, কারণ এগুলি সেবন অসংখ্য রোগের কারণ হতে পারে।

কিন্তু গুরবাণীতে যৌন আকাঙ্ক্ষার জন্য, পর স্ত্রী বা পর পুরুষদের প্রতি আকর্ষণের জন্য শাস্তি নির্ধারণ করা হয়েছে, কারণ এটি একটি অত্যন্ত ঘৃণ্য কাজ বলে বিবেচিত হয়। খ্রিস্টধর্ম দশ আজ্ঞার অধীনে ব্যভিচার এবং অবৈধ সম্পর্ককেও নিষিদ্ধ করে। একজন ব্যক্তি কখনও কামনার প্রভাবে করা ভুল থেকে মুক্তি পেতে পারে না, বরং নরকে পতিত হয়। এই ভুলের কারণে, সে বারবার জন্মগ্রহণ করে এবং কষ্ট পায়।

সৎগুরুত্ব জি বলেন:

রুপৈ কামৈ দোসতি ভুখে সাদৈ গন্দ।।

(অঙ্গ ১২৮৮)

অন্যের সৌন্দর্য দেখলে মানুষ ভুলে যায়। জাফরান রঙ খুবই আকর্ষণীয় কিন্তু দ্রুত বিবর্ণ হয়ে যায়। তবে, মানুষ:

বিগসিও পেখি রঙ্গু কসুম্ভ কো পর গ্রিহ জোহনি জায়িও।।

(অঙ্গ ৭১২)

মানুষ মনে করে, কে দেখছে। কিন্তু সৎগুরু জি আদেশ দিয়েছেন:

দেয়ি কিবার অনিক পড়দে মহি পড় দারা সঙ্গী ফাকৈ।।

চিত্র গুপ্ত জব লেখা মাগহি তব কঙনু পড়দা তেরা ঢাকৈ।।

(অঙ্গ ৬১৬)

মহারাজ নানাভাবে ব্যাখ্যা করেন। এই প্রসঙ্গে অসংখ্য গুরবাণী উক্তি উদ্‌ধৃত করা যেতে পারে। উদাহরণস্বরূপ:

পড় মিত্র রাবণী জাহি সেই তা লাজিঅহি।

(অঙ্গ ১৩৬৩)

জয়সা সাঙ্গু বিসিয়ার সিউ হ্যায় রে তইসো হি ইহু পর গ্রিহু।।

(অঙ্গ ৪০৩)

পর ত্রিঅ রুপু ন পেখৈ নেত।।

(অঙ্গ ২৭৪)

উছলিয়া কামু কাল মতি লাগি তউ আনি সকত গলি বাঁধিআ।

(অঙ্গ ৯৩)

এই ব্যাধির ভয়ে, অনেকেই তাদের ঘরবাড়ি ছেড়ে সাধু হয়ে যান, কিন্তু তবুও কামদেবের তীর থেকে বাঁচতে পারেননি। সদগুরুজির আদেশ হল:

একি ফিরহি উদাসী তিন কামি বিআপৈ।।

(অঙ্গ ৩৭০)

সহসকৃতি শ্লোকে পঞ্চম পাতশাহর মহান উক্তি হল:

হে কামং নরক বিস্রামং বহু যোনী ভ্রমাবনহ।।

চিত হরণঙ ত্রয়ী লোক গংগং জপ সিল বিদারনহ।।

(অঙ্গ ১৩৫৮)

অলপ সুখ অভিত চঞ্চল ঊচ নীচ সমাভনহ।।

তব ভৈ বিমুচিত সাধ সঙ্গম ওট নানক নারায়িনহ।।

দৃষ্টি বিকৃত করে কামদেব মনকে ধ্বংস করে এবং আবেগকে নিয়ন্ত্রণ করে। এর তিনটি জগতেই প্রবেশাধিকার রয়েছে। কামদেব সকল মানুষের মধ্যেই বিরাজমান, তা সে তপস্বী, মহৎ ব্যক্তি, এবং উচ্চ বা নিম্ন মর্যাদার অধিকারী যেই হোক কেন। যখন কামদেবের তরঙ্গ আধিপত্য বিস্তার

করে, তখন উচ্চ বা নিম্নের কোনও চিন্তা থাকে না। এই কামদেব ঋষি জৈমিনি, ঋষি সৌরভ প্রমুখের হৃদয়কেও মোহিত করেছিলেন। এমনকি বিশ্বামিত্রের মতো ঋষিরাও কামের প্রভাবে তাদের কমন্ডল এবং মালা ছুঁড়ে ফেলেছিলেন। যখন একজন মাঝির সুন্দরী কন্যা ঋষি পরাশরকে নদী পার হতে সাহায্য করতে শুরু করেন, তখন তার মন কামদেবের সামনে আত্মসমর্পণ করে। কামদেব ব্রহ্মা, বিষ্ণু এবং মহেশ্বর প্রমুখকেও প্রতারণা করেছিলেন।

স্বর্গরাজ ইন্দ্রের গল্প খুবই বিখ্যাত। প্রাচীন গ্রন্থগুলিতে অসংখ্য অনুরূপ গল্প পাওয়া যায়, যা কামদেবের বিষয়বস্তুর সাথে সম্পর্কিত। কিছু গল্প গুরু গ্রন্থ সাহেব এবং ভাই গুরুদাস জির শ্লোকগুলিতেও উদ্ধৃত রয়েছে। যৌনতার আনন্দ হয়তো মাত্র কয়েক মুহূর্তের জন্য স্থায়ী হয়, কিন্তু এটি মনকে অত্যন্ত অস্থির করে তোলে। পারিবারিক জীবনযাপন এবং সদগুরুর আশীর্বাদ গ্রহণ করার সময়:

ঐক জোতি দুয়ি মুরতি ধন পিরু কহিওই সোয়ি।।

(অঙ্গ ৭৮৮)

এটা হওয়ার কথা ছিল, কিন্তু অন্যের শরীরের সাথে সম্পর্ক স্থাপন করে একজন ব্যক্তি নিজের উপর অভিশাপ নিয়ে আসে। সদগুরু জি বলেন:

নিমখ কাম সুআদ কারনি কোটি দিনস দুখু পাওহি।।

(অঙ্গ ৪০৩)

গুরবাণী অটল সত্য। এক কোটি দিন মানে ২৭,৩৯৭ বছর। যদি গড় বয়স ষাট বছর ধরে নেওয়া হয়, তাহলে ৪৫৬ জন্ম লাগবে, এবং এই ভুলের ফলে আরও দুঃখভোগ করতে হবে।

দেবতারাও কামের প্রতারণা থেকে রেহাই পান না, এমনকি পশু-পাখিও এর প্রভাব থেকে রেহাই পান না। ভক্ত কবীর জির আদেশ হল:

কালবুত কী হসতনি মন বঊরা রে চলতু রচিও জগদীশ।।

কাম সুআয়ী গজ বসি পরে মন বজুরা রে অংকসু সহিও সীস।।

(অঙ্গ ৩৩৫)

হাতিদের ধরার জন্য, একটি বড় গর্ত খনন করা হয় এবং ঘাসপাতা দিয়ে তার উপরিভাগ ঢেকে দেওয়া হয়। তার উপর একটি হাতির কাগজের মূর্তি স্থাপন করা হয়। কামের তাড়নায়, হাতিটি হস্তিনীর কাছে আসে এবং ঘাসপাতার উপর পা রাখতেই গর্তে পড়ে যায়। হাতিকে কয়েকদিন ধরে অভুক্ত রাখা হয় এবং তাকে দুর্বল করে দেওয়া হয়, সে মাহুতের নিয়ন্ত্রণে এসে যায়। একজন কবি যেমন বলেছিলেন, যখন কামের আকাঙ্ক্ষা আচ্ছন্ন হয়ে পড়ে, তখন এটি সবকিছুকে উড়িয়ে নিয়ে যায়:

মত্ কহিত, পুত্রী কহিত, ভগনী কহিত হিত সহিত।
নদী ঊমডত জব কাম কী, কহিত কহিত সভ বহিত।।

১ বোন.

সেই কারণেই তো ভাই গুরদাস জি সতর্ক করে বলেছন:

দেখি পরাইয়াং চঙ্গি মাভাঙ ভৈনাং ধিয়াঙ জানে।।

(ভাই গুরদাস জি)

সৎগুরুজী মানুষকে ভোমরা হিসেবে বর্ণনা করেছেন, যে এক ফুল থেকে অন্য ফুলে, অপর ফুল থেকে অন্য ফুলে ঘুরে বেড়ায়, ইত্যাদি। আদেশটি হল:

ভওরা ফুলি ভবন্তিয়া দুখু অতি ভারি রাম৷

(অঙ্গ ৪৩৯)

সদগুরুজি শ্রী রাগে কিছু আশ্চর্যজনক কথা বলেছেন:
জে লখ ইসতরিআং ভোগ করহি নভ খন্ড রাজু কমাহি।।
বিনু সতিগুর সুখু ন পাওয়াই ফিরি ফিরি জোনি পাহি।।

(অঙ্গ ২৬)

ভক্ত ত্রিলোচন জিও একই রকম কিছু বলেছেন: যার মন শেষ পর্যন্ত এই বিষয়ে নিবদ্ধ থাকবে তার ভাগ্য কী হবে? তারা বারবার বেশ্যা হিসেবে জন্মগ্রহণ করবে। এই হল আদেশ:

অন্তি কালি জো ইসতি সিমরৈ ঐসি চিন্তা মহি জে মরৈ।।
বেসওয়া জোনি ওয়ালি ওয়ালি অঊতরৈ।।

(অঙ্গ ৫২৬)

একবার, কিছু সিংহ শ্রী দশমেশ জিকে জিজ্ঞাসা করেছিলেন যে তুর্কিরা যুদ্ধ বন্দী হিন্দু মহিলাদের উপভোগ করে। সিংহরাও কি তুর্কি মহিলাদের সাথে এমন করতে পারে? সৎগুরু জি কঠোরভাবে নিষেধ করেছিলেন, বলেছিলেন, "আমাদের খালসাকে আলাদা রাখতে হবে। চারটি পাপের মধ্যে একটি হল নিজের ছাড়া অন্য কোনও পুরুষ বা মহিলার সাথে মেলামেশা করা।" দশমেশ পটশাহ তাঁর পিতা গুরুর কাছ থেকে প্রাপ্ত নির্দেশনার বর্ণনা এভাবে দিয়েছিলেন:

"সাধু জব তে হম ধরি বচন গুর দঐ হমারে।।
পুত ইহৈ প্রণ তোহি প্রাণ জব লগ ঘাট থারে।।
নিজ নারী কে সঙ্গ নেহু তুম নিত বটৌয়হু।।
পর নারী কী সেজ ভুলি সুপনে হু ন জৈয়হু।।
পর নারী কে ভজে সহস বাসব ভগ পাঐ।।
পর নারী কে ভজে চন্দ কলঙ্ক লগাঐ।।
পর নারী কে হেত দশ শিস গবায়।।
পর নারী কে হেত কটক কভরন কো ঘায়।।
পর নারী সিঙউ নেহু ছুরি পৈনি কর জানহু।।
পর নারী কে ভেজ কাল বিয়াপয়ো তন মানহু।।
অধিক হরিফি জানি ভোগ পর ভিআ জো করহি।।
হো অন্ত সান্ন কী ম্রিত হাথ লন্ডি কে মরহি।। "

প্রাচীন সিংহরা ছিলেন উচ্চ চরিত্রের। খালসা সম্প্রদায়ের ইতিহাসে এমন উদাহরণ রয়েছে যেমন শত্রু লেখক কাজী নূর মহম্মদ, একজন ধর্মান্ধ মুসলিম, সিংহদের কুকুর হিসাবে উল্লেখ করেছেন। তবে, তাঁর লেখা থেকেও সিংহদের মহৎ আচরণের স্পষ্ট আভাস পাওয়া যায়। তিনি লিখেছেন যে এই "সাগ" বা কুকুররা মহিলাদের সাথে মা, বোন এবং কন্যার মতো আচরণ করে। শত্রু পক্ষের বন্দী নারীদেরও তারা সম্মান করে, তারা যতই সুন্দরী হোক না কেন, কেউ নজরে দেখে না। খালসা যখনই জঙ্গল থেকে বেরিয়ে গ্রামে প্রবেশ করত, তখনই সাধারণ মানুষ বলত, "কুদিয়া আয়ে নে নিহাং, বুহা খোল দে নিসাং।" সেই সময়ে, সাধারণ মানুষের মধ্যে পাঞ্জাবির একটি উপভাষা প্রচলিত ছিল: "ছাই, রণ বাসরে নুন গয়ি, মোদী

ভাই কচ্ছ ওয়ালিয়া।" সুতরাং, শিখ ইতিহাস একই কাজের অসংখ্য উদাহরণ দেয় যা ঋষি, সাধু এবং দেবতাদের বশীভূত করেছিল, কিন্তু কালগীধর পাটশাহের নির্দেশে খালসার সামনে পড়েছিল।

ইতিহাস মহান শিখ সেনাপতি এস. হরি সিং নালুয়ার একটি গল্প বলে। দারা খাইবারে রাত্রি বেলা ঝোপের আড়ালে লুকিয়ে পাঠান গুল খান এবং তার বাগদত্তা বানো কথা বলছিলেন। বানো বলল, "আমি মহারাজা রঞ্জিত সিং-এর সেনাপতি হরি সিং নালুয়ার সাথে দেখা করতে চাই এবং তাকে জিজ্ঞাসা করতে চাই যে তিনি কেমন সেনাপতি, যিনি পাঠানদের পরাজিত করেছেন, বিশেষ করে তাদের অঞ্চলে, কারণ কেউ কখনও পাঠানদের পরাজিত করতে পারেনি।" গুল খান বলল, "বানো! উনি এক বিদেশী সম্প্রদায়ের নেতা। বিদেশী সম্প্রদায়ের নেতারা কন্যা-বোনদের সম্মান করে না।" বানো উত্তর দিল, "আমি শুনেছি এরা গুরু নানকের শিখ, এরা মা-বোনদের খুব সম্মান করে।" গুল খানের অনিচ্ছা সত্ত্বেও, বানো দৌড়ে হরি সিং নালুয়ার তাঁবুতে গেল। বাইরে দুজন রক্ষী দাঁড়িয়ে ছিল। তারা জিজ্ঞাসা করল, "হে নারী, আপনি কে এবং আপনি কী চান?" সে উত্তর দিল, "আমার নাম বানো, এবং আমি আপনাদের নেতার সাথে দেখা করতে চাই।" আমার কিছু গুরুত্বপূর্ণ কাজ আছে। প্রহরী বলল, "বাইরে অপেক্ষা করো, আমি হরি সিং নালুয়ার সাথে কথা বলে জানাচ্ছি।" কিছুক্ষণ পর, সে বেরিয়ে এসে বলল, "যাও বানো, সিং সাহেব তোমার জন্য অপেক্ষা করছেন।"

ভেতরে ঢুকে বানো বলল, "আমি জিজ্ঞাসা করতে চাই কেন তুমি দারা খাইবার দখল করেছো।" সর্দার নালুয়া উত্তর দিলেন, "প্রত্যেকেরই তাদের ঘর রক্ষা করার অধিকার আছে। পাঞ্জাব ও ভারতের উপর সমস্ত আক্রমণ এই পথ দিয়েই হয়েছে। আমরা জনগণের কল্যাণের জন্য লড়াই করি, নিপীড়নের জন্য নয়। সেই কারণেই, ওহেগুরুর কৃপায়, আমরা জয়ী হই।" হরি সিং নালুয়া ভালোবাসা ও ধৈর্যের সাথে বানোকে ব্যাখ্যা করলে, সে নিশ্চিত হয়ে গেল। সে বলল, "যদি আমার একটি ছেলে হয়, তাহলে সে যেন হরি সিং নালুয়ার মতোই হয়।" নালুয়া উত্তর দিল, "বানো! তাকে দেখতে যেমনই হোক না কেন, সে যেন মহৎ হয়, দেশ ও সমাজের সেবা করে।" এই কথা শুনে বানো বলল, "আমি তোমার মতো ছেলে চাই। আমাকে বিয়ে করো।" নালুয়া রেগে যায় এবং বলে, "বানো! এখান থেকে

চলে যাও। তুমি আমাকে পথভ্রষ্ট করতে এসেছো। জানো, আমার গুরু সাহেব আদেশ দিয়েছেন যে..."তোমাকে অন্য মহিলাদের সাথে তোমার নিজের মেয়ে এবং বোনের মতো আচরণ করতে হবে। এখান থেকে চলে যাও।'' সেই কথা শুনে বানো ফিরে যায়, কিন্তু চলে যাওয়ার সময় সে তাকে ধমক দিয়ে বলে, "আমি শুনেছি যে গুরু নানকের বাড়িতে যারা যায় তারা খালি হাতে ফিরে আসে না। এমনকি যদি গুরু নানক কোনও শিখের কাছে কিছু চান, তিনিও খালি হাতে ফিরে যান না।" কিন্তু এটা মিথ্যা প্রমাণিত হল। "আমি গুরু শিখের কাছ থেকে খালি হাতে ফিরে যাচ্ছি।"

একজন শিখের সামনে গুরুর নাম উচ্চারণ করে কিছু বলা হবে, আর সে চুপ করে থাকবে, এমনটা কখনই হতে পারে না। এটা সম্ভব নয়। হরি সিং নালুয়া বললেন, ''থামো বানো!'' হরি সিং হাত জোড় করলেন, ভালোবাসার অশ্রু তার চোখে ভরে উঠল। আকাশের দিকে তাকিয়ে বললেন, ''তুমি আমার গুরু নানকের নাম নিয়েছো। আমার গুরু অনেক উঁচুতে বিরাজ করেন, কেউ কখনও তাঁর দরজা থেকে খালি হাতে ফিরে আসে না। বানো, আজ তুমিও এই শিখের দরজা থেকে খালি হাতে ফিরবে না।'' এই বলে হরি সিং প্রহরীকে ডেকে পাশের তাঁবু থেকে একটি শাল আনতে বললেন। প্রহরী যখন দামি শালটি নিয়ে আসে, তখন তিনি তাকে বানোর মাথায় এটি পরিয়ে দিতে বললেন।

বানোর মাথায় শাল পরানোর পর, হরি সিং হাত জোড় করে তার সামনে দাঁড়িয়ে বললেন, "বানো! তুমি হরি সিং নালুয়ার মতো ছেলে চাও... আজ থেকে, এই হরি সিং নালুয়া তোমার ছেলে, আর তুমি হরি সিং নালুয়ার পালিত মা।" এই বলে নালুয়া বানোর পায়ের কাছে মাথা নত করেন। এটা দেখে বানো কেঁদে ফেলল। তার চোখের জল থামছিল না। সে সেই মহান যোদ্ধার দিকে তাকাল, যার নাম শুনে সবচেয়ে সাহসী যোদ্ধারাও কাঁপতেন। কাঁদতে কাঁদতে বানো হরি সিং নালুয়ার কাঁধ ধরে চোখের জল মুছে বলল, "হরি সিং! আমি শিখ নই, আমি শিখ পরিবারে জন্মগ্রহণ করিনি, কিন্তু আজ আমার মাথা গর্বে উঁচু। আজ আমি একজন শিখের মা হয়েছি। হরি সিং! ধন্য তোমার গুরু, আর ধন্য তুমি। ধন্য তোমার গুরুর শিক্ষা। হরি সিং! যে সম্প্রদায়ের তোমার মতো নেতা আছে তারা কখনও ধ্বংস হতে পারে না।'' এই বলে এবং চোখ মুছে, বানো হরি

সিং নালুয়ার তাঁবু থেকে বেরিয়ে যায়, বারবার তাকে আশীর্বাদ করতে থাকে।

পাঁচটি পাপের মধ্যে, গুরবাণীতে প্রথমে কামের কথা উল্লেখ করা হয়েছে। কচ্ছেরা যৌন অঙ্গের নগ্নতা গোপন করে। অসংখ্য শব্দে, সৎগুরু শিখদের কাম এড়াতে সতর্ক করেছেন। অন্য ব্যক্তির সৌন্দর্যকে জাফরান ফুলের রঙের সাথে তুলনা করা হয়েছে, এবং অন্যের শরীরের সাথে থাকাকে সাপের সাথে থাকার তুলনা করা হয়েছে। ব্যক্তিরা গোপনে এই ধরনের কাজে লিপ্ত হয়, ভুলে যায় যে ঈশ্বর সর্বজ্ঞ, এমনকি তাঁর দূত চিত্রগুপ্তও তাঁর কর্তব্য পালন করেন। কামের আনন্দ মাত্র কয়েক মুহূর্ত স্থায়ী হতে পারে, কিন্তু এটি মনকে অত্যন্ত অস্থির করে তোলে। এমনকি পশু, পাখি এবং দেবতারাও এর প্রভাব থেকে মুক্ত নয়। এই বিষয়ে গুরু গ্রন্থ সাহেবে অসংখ্য উদাহরণ পাওয়া যায়।

যদি একজন শিখ সত্যিকার অর্থে সদগুরুর কাছে আত্মসমর্পণ করে, তাহলে গুরু সাহেব তাকে নানাভাবে রক্ষা করেন। হোশিয়ারপুরে বেশ্যার বাড়িতে যাওয়ার সময় ভাই জোগা সিং একজন প্রহরী দ্বারা সুরক্ষিত ছিলেন। সদগুরুর শিক্ষা এবং সাধুদের সঙ্গ দ্বারা, কোনও ব্যক্তি প্রেমের প্রভাব থেকে নিজেকে রক্ষা করতে পারে। এর ফলে পারিবারিক জীবন সুখী ও সমৃদ্ধ হয়। মন্দিরেও প্রশংসা পাওয়া যায়। সদগুরুর জ্ঞান আমাদের আশীর্বাদ করলে, আমরা প্রেমের নিয়ন্ত্রণ থেকে মুক্তি পেতে পারি। কেউ নিজেকে নিয়ন্ত্রণ করার দাবি করতে পারে না, কারণ:

আজহু সু নাঙউ সমুদ্র মহি কিআ জানউ কিয়া হোই৷

(অঙ্গ ১৩৬৬)

সুরক্ষার জন্য সদগুরুর কাছে প্রার্থনা করা উচিত:

কাম, ক্রোধ, লোভ, ঝুঠ, নিন্দা ইন তে আপি ছড়াভহু।।

ইহ ভিতর তে ইন কউ ডারহু আপন নিকটি বুলাবহু।।

(অঙ্গ ৬১৭)

অমৃত গ্রহণের পর, সৎগুরু জী শিষ্যকে 'রাহত' সম্পর্কে সচেতন করেছিলেন। এটি গ্রহণ করে, প্রতিদিন বাণী পাঠ করে, 'সিমরান' করে এবং সাধু সঙ্গতে যোগদান করে, যার ফলে পার্থিব বাসনা শিখদের উপর প্রভাব ফেলে না। তবে, যদি জীবন প্রক্রিয়া এর বিপরীত হয় তবে:

খসমু ভিসারি কীঐ রস ভোগ।।
তাং তনি জুঠি খলোঐ রোগ।।

(অঙ্গ ১২৫৬)

ভোগহী ভোগ অনেক বিণু নাভৈ সুংঝিয়া।।
হরি কী ভগতি বিনা মরি মরি রুংনিআ।।

(অঙ্গ ৩৯৮)

ঈশ্বরকে ভুলে গেলে নেতিবাচক চিন্তাভাবনা এবং আবেগের সৃষ্টি হয়। গুরবাণী ঘোষণা করে যে, যারা ঈশ্বরকে ভুলে গিয়েছে কেবল তারাই দরিদ্র, নীচ এবং অপবিত্র:

সোই মলিনু দীন হিনু জিসু প্রভু বিসরানা।।
করনৈহারু ন বুঝই আপু গনৈ বিগানা।।

(অঙ্গ ৮১৩)

অনেকেই তাদের পোশাক খুলে ফেললেন, উলঙ্গ হয়ে ঘুরে বেড়ালেন এবং নিজেদেরকে দিগম্বর বলতে শুরু করলেন। কচ্ছেরা নগ্নতার প্রথা সম্পূর্ণরূপে প্রত্যাখ্যান করে। অনেকেই তাদের ঘরবাড়ি ছেড়ে বনে চলে যান, হতাশায়, কিন্তু কাজ ছেড়ে দিতে পারেন না। আদেশটি হল:

নগন ফিরত জৌ পাইওই জোগু।।
বন কা মিরগু মুকতি সভা হোগু।।
কিআ নাগে কিআ বাধে চাম।। জব নহি চিনসি আতম রাম।।

(অঙ্গ ৩২৪)

ইকি ফিরহি উদাসী তিন কামি ভিআপৈ।।
ইকি সঞ্চহি গিরহি তিন হোয়ি ন আপৈ।।

(অঙ্গ ৩৭০)

বিপরীতে, ভক্ত কবীর জি বলেন:
কবীর সুপনৈ হু বরডায়ি কৈ জিহ মুখি নিকসৈ রামু।।
তা কে পগ কী পানহি মেরে তন কো চামু।।

(অঙ্গ ১৩৬৭)

জিসু অন্তরী প্রীতি লগৈ সো মুকতা।।
ইন্দ্রি ভসি সচ সংযমি জুগতা।।
গুর কৈ সবদি সদা হরি ধিআঐ ঐহা ভগতি হরি ভাবনিআ।।

(অঙ্গ ১২১)

এই প্রেমময় সম্পর্ক বাস্তবায়নের জন্য, সৎগুরু জি বলেছিলেন, যেমন রেহতনামায় বলা হয়েছে, তিনি শিখি রেহতকে ভালোবাসেন, শিখ ধর্মকে নয়। অতএব, রেহতে কেবল প্রাপ্তবয়স্ক সিংহ এবং সিংহীরাই অনুমতিপ্রাপ্ত। রেহতনামায় বলা হয়েছে:

কছ কৃপাণ ন কবহুং তিআগে।

কচ্ছেরা এবং কিরপাণ খুলে কখনই নগ্ন হয়ে ঘুমানো উচিত নয়। স্নানের পরও, অমৃতধারী শিখদের ভেজা কচ্ছেরা খুলে শুকনো কচ্ছেরা পরার নির্দেশ দেওয়া হয়। ভেজা কচ্ছেরা খুলে শুকনো কচ্ছেরা পরতে হবে। ইতিহাসে দেখা গিয়েছে যে, যখন সৎগুরু জী চামকৌর দুর্গ ছেড়ে খালি পায়ে মাছিওয়াড়ায় পৌঁছান, তখন তিনি অসংখ্য ক্ষত এবং ক্লান্তি নিয়ে সেখানে পৌঁছান। সেই সময়, যখন সৎগুরু জী মাছিওয়াড়ায় স্নান করেন, তখন কচ্ছেরা তাঁর উরুতে আটকে যায়। সৎগুরু জী ভাই মান সিংকে বলেন, পিতা-পুত্রের মধ্যে লজ্জা বা বিনয়ের কোনও স্থান নেই। এর পর মান সিং খুব ধীরে ধীরে গরম জল দিয়ে আটকে থাকা কচ্ছেরাটি খুলে ফেলেন।

সৎগুরু জী কচ্ছেরাকে সংযম এবং ভালো পোশাকের প্রতীক হিসেবে আশীর্বাদ দিয়েছেন। যুদ্ধের সময় ধুতির মতো অনেক পোশাক পরা কঠিন হলেও, দড়ি দিয়ে বাঁধা কচ্ছেরা যুদ্ধের জন্য উপযুক্ত পোশাক। ঘোড়ায় চড়ার সময় শরীর ঢেকে রাখার মতো পোশাক, কিন্তু যুদ্ধের সময় কোনও অসুবিধা সৃষ্টি করে না। টাইট পোশাক যোদ্ধাদের জন্য আদর্শ; টাইট ফিটিং শরীর অলস, দুর্বল এবং কাপুরুষ দেখায়। অতএব, যুদ্ধের সময় শত্রুকে মুগ্ধ করার জন্য পোশাক, অস্ত্র, চোখ, চলাফেরা এবং শরীর অত্যন্ত গুরুত্বপূর্ণ। সরব লোহ গ্রন্থে যোদ্ধাদের টাইট পোশাকও চিত্রিত করা হয়েছে এবং এটি তীর নিক্ষেপের বর্ণনা দেয়:

ভট ফের ফিরে ষসএ খায়ি অরৈ, দিল খোল লরৈ বহু-বার প্রহারে।

ললকার প্রচার অরে সমূহে ভট, রোস ভরে তক শওন মারে।।

১. খাম ঠোক গজে বরযাম বজে কছ কাছে কছে সর পুঞ্জন ছারে।।

হহকার ভিরে ভয় ত্যাগ লরে গন সুর গজে জগমাত প্রচারে।।

ঠিক যেমন প্রাচীনকালে, দরিদ্রদের পোশাকের অভাব থাকার ফলে তাদের মনে হত, তাদের কাছে কিছুই ছিল না। গুরু সাহেব সকলকে সাম্যের অনুভূতি দিয়েছিলেন, বলেছিলেন, "সবাই সমান।" আজও, অনেক পুরুষ, কৃষিকাজের মতো বিভিন্ন পেশায় নিযুক্ত থাকা সত্ত্বেও, গ্রীষ্মে কচ্ছেরা এবং পাগড়ি পরেন। মহিলারা বাহ্যিকভাবে কচ্ছেরা পরেন না; শিখ সংস্কৃতি অনুসারে, এটি উপযুক্ত বলে মনে হয় না।

সদগুরু জী কর্তৃক প্রদত্ত চারটি কক্কর: চিরুনি, বালা, কিরপাণ, কচ্ছেরা এবং কেশ জন্মের সময় থেকেই মানুষের সাথে থাকে, খুবই সহজ এবং সস্তা, যাতে দরিদ্রতম ব্যক্তিও শিখ ধর্ম গ্রহণ করতে পারে। ধনী এবং দরিদ্রের মধ্যে কোনও পার্থক্য নেই; তা সে 'সংগত' হোক বা 'পঙ্গত', বা কক্কর, সবই সদগুরু জী কর্তৃক প্রদত্ত এক মহান আশীর্বাদ। অনেক জায়গায়, অমৃত সঞ্চারের সময় কক্কর বিনামূল্যে প্রদান করা হয়।

কচ্ছেরা সম্পর্কে আরেকটি পার্থক্য দেখা যায় কারণ বেদ পাঠ এবং যজ্ঞ ইত্যাদির সময় সেলাইবিহীন কাপড় পরা হয় যেখানে কচ্ছেরা সেলাই ছাড়া তৈরি করা যায় না। সৎগুরু জি খালসার এমন একটি ব্যক্তিত্ব তৈরি করেছেন যাতে এটিকে অন্যান্য ধর্ম থেকে আলাদা করা যায় এবং এর অনন্য পরিচয় গড়ে তোলা যায় এবং এটিকে অনন্য এবং স্বতন্ত্র রাখা যায় যাতে এর পরিচয় সম্পর্কে কোনও বিভ্রান্তি বা ভ্রান্তি না থাকে। অমৃতধারী সিং-সিংহদের ধুতি, কটি বা কচ্ছেরা পরতে নিষেধ করা হয়েছে যা পুরো শরীর ঢেকে রাখতে পারে না। বাণীতে আদেশটি হল:

বাবা হোরু পৈননু খুশি সুআরু।

জিত পৈধৈ তনু পিড়িওই মন মহি চলহি বিকার।।

(অঙ্গ ১৬)

কচ্ছেরা নোংরা রাখা উচিত নয়, এবং নোংরা পরাও উচিত নয়। যদিও স্নানের পর প্রতিদিন কচ্ছেরা পরিবর্তন করা হয়, যদি কখনও প্রস্রাবের ছিটা পড়ে, তবে তা পরিবর্তন করে সাবান দিয়ে ধুয়ে ফেলা উচিত। একইভাবে, যদি কোনও মহিলার ঋতুস্রাবের সময় কচ্ছেরা দাগযুক্ত হয়ে যায়, তাহলে গুরবাণীতে বলা হয়েছে:

মুত পলিতি কপরু হয়ি।। দে সাবুনু লইওই ওহু ধোয়ি।।
ভরিওই মতি পাপা কৈ সঙ্গী।। ওহু ধোপৈ নাবৈ কৈ রঙ্গি।।

(অঙ্গ ৪)

জে রতু লগৈ কপড়ে জামা হোয়ি পলিতু।।
জো রতু পিওহী মানসা তিন কিঊ নিরমলু চিতু।।

(অঙ্গ ১৪০)

কচ্ছেরা পবিত্রতার প্রতীক। তাই, গুরুমুখ সাধুরা পরামর্শ দেন যে গৃহে বসতি স্থাপনের পর, কচ্ছেরা এবং কৃপাণের গাত্র সাবান দিয়ে ধোয়া উচিত। প্রাচীন শিখরা এই রীতি পালন করতেন। পবিত্রতা বজায় রাখার জন্য, শিখরা পাগড়ি এবং কচ্ছেরা আলাদাভাবে ধৌত করতেন। কচ্ছেরায় বাঁধা গিঁটটি পরিধানকারীর দায়িত্বের গুরুত্বের উপর জোর দেয়: অন্যদের উপর তাদের দুর্বলতা চাপিয়ে দেওয়ার পরিবর্তে তাদের ইচ্ছা এবং আবেগের উপর ব্যক্তিগত নিয়ন্ত্রণ এবং সংযম অনুশীলন করা। কচ্ছেরা হল একটি সংযম, "হে প্রাণী! এটি গুরুর আশীর্বাদ," এবং গিঁটটি খোলার সময় সতর্ক থাকতে হয়: "তুমি কী করতে যাচ্ছ? তুমি কি কামের প্রভাবে একটি ভুল কাজ করতে যাচ্ছ? তুমি কি কামের প্রভাবে একটি ভুল কাজ করছো? এটি পাপ কাজ এবং যেকোনও মূল্যে তা এড়িয়ে চলতে হবে।" সৎগুরুর কাছে প্রার্থনা করা উচিত। এই প্রার্থনাটি অনেক শব্দে প্রকাশ করা হয়, কারণ অন্যায় নরকের দিকে নিয়ে যায়।

শিখ ইতিহাসে এমন একটি ঘটনার কথা বলা হয়েছে যেখানে একজন শিখ বেশ কয়েকজন মুসলমানের হাতে পড়েন, যারা তাকে জোর করে ধরে নিয়ে যায় এবং 'খৎনা' করতে বাধ্য করে। কিছুক্ষণ পর, সুযোগ পেলে, সে তাদের হাত থেকে পালিয়ে গুরুদ্বারে যায় এবং তার অসহায় অভিজ্ঞতা বর্ণনা করে। সৎগুরু জিজ্ঞাসা করেন, "তুমি কি কখনও কোনও তুর্কি মহিলার সাথে যৌন সম্পর্ক স্থাপন করেছ?" শিখ উত্তর দেন,

"সতীগুরু জি, আপনি করুণার সাথে আমাকে এই পাপপূর্ণ কাজের হাত থেকে রক্ষা করেছেন।" সৎগুরু তাকে পাঁচজন প্রিয়জনের সামনে উপস্থিত হয়ে ক্ষতিপূরণ দিতে বলেন এবং তারপর তাকে ক্ষমা করে দেন।

সৎগুরু জি যে কাজগুলিকে মন্দ বলে অভিহিত করেন তা প্রায়শই একজন ব্যক্তি তার নিজের ইচ্ছেয় করে থাকেন। এই ধরনের ঘটনা হঠাৎ বা দুর্ঘটনাক্রমে ঘটে না। একজন শিখকে মনে রাখতে হবে যে সে একজন গুরুর শিখ, এবং এই ধরনের কাজ করার ফলে সে অধঃপতিত হবে এবং তার গুরুর সাথে তার সম্পর্ক ছিন্ন হবে। সৎগুরু বলেছেন যে, যে ব্যক্তি জিহ্বা এবং ইন্দ্রিয়ের আনন্দে জড়িয়ে পড়ে সে মানুষ বলে মনে হতে পারে কিন্তু আসলে সে পশু। আদেশ হল:

জিহওয়া ইন্দ্রি সাদি লোভানা৷৷
পসু ভঐ নহি মিতঐ নিসানা।।

(অঙ্গ ৯০৩)

রুপি ভুখ ন ঊতরৈ জাং দেখাং তাং ভুখ।।
জেতে রস সরীর কে তেতে লগহি দুখ।।

(অঙ্গ ১২৮৭)

সৎগুরু জি খালসার প্রশংসা করেন এবং এর বৈশিষ্ট্যগুলি বর্ণনা করেন:

খালসা সোয়ি মান জো তিয়াগৈ।।
খালসা জো পরত্রিয়া তে ভাগ।।
খালসা সোয়ি পরদ্রিসটি তিআগৈ।।
খালসা সোয়ি নাম রত লাগৈ।। ২৮।।

ত্রেতা যুগেও এই কটিবন্ধের উল্লেখ পাওয়া যায়। শ্রী রামচন্দ্রের ভক্ত হনুমান কেবল একটি কটিবন্ধ পরতেন। পূর্বজন্মে, হনুমান স্নান করার সময় এক সন্ন্যাসীর কাছ থেকে একটি কটিবন্ধ চুরি করে পালিয়ে গিয়েছিলেন। সন্ন্যাসী তাকে কাপড় ফেরত দেওয়ার জন্য চিৎকার করেছিলেন। তিনি তা প্রত্যাখ্যান করলে, সন্ন্যাসী তাকে অভিশাপ দিয়েছিলেন, "পরবর্তী জন্মে, তুমি এখন যেমন আছো, ঠিক তেমনই কেবল কটিবন্ধ পরবে। যদি তুমি অন্য কোনও পোশাক পরো, তাহলে

তোমার শরীর পুড়ে যাবে।" লক্ষ্মণ অজ্ঞান হয়ে যাওয়ার সময় হনুমান সঞ্জীবনী ভেষজ ধারণকারী পাহাড়টি এনে রামচন্দ্রকে সন্তুষ্ট করেছিলেন, তবুও তিনি এই অভিশাপ থেকে মুক্তি পাননি। ভক্ত ত্রিলোচন জি ধনাশ্রী রাগে এটি উল্লেখ করেছেন:

দাধিলে লঙ্কা গদু উপড়িলে রাবণ।।
বনু সলি বিসলি আনি তোখিলে হরি।।
করম করি কছৌতি মফিতসি রি।।

(অঙ্গ ৬৯৫)

গুরু নানক দেব সাহেব জি মাঝ রাগে মানবদেহের দশটি স্তরের কথা উল্লেখ করেছেন। ষষ্ঠ স্তরে তিনি বলেছেন যে, কাজের চাপে একজন ব্যক্তি সামাজিক রীতিনীতির কথাও ভুলে যান। তিনি আদেশ দেন:

পঞ্জৈভে খান পিঅন কী ধাতু।।
ছিভৈ কামু ন পুছৈ জাতি।।

(অঙ্গ ১৩৭)

ভক্ত বেণীজীও শ্রী রাগে পাহাড়িয়ার বাণী বর্ণনা করেছেন:
জপু তপু সঞ্জমু ছোডি সুক্রিত মতি রাম নামু ন অরাধিআ।
উছলিআ কামু কাল মতি লাগি তজু আনি সকতি গল বাঁধিআ।।২।।
তরুণ তেজু পর ত্রিঅ মুখু জোহহি সরু অপসরু ন পছানিআ।
উনমত কামি মহা বিখু ভুলৈ পাপু পুন্নু ন পছানিআ।।
সুত সম্পতি দেখি ইহু মনু গরবিআ রামু রিদই তে খোয়িআ ।।
অভর মরত মাইয়া মনু তোলে তঊ ভগ মুখি জনমু বিগোয়াআ।। ৩।।
পুন্দর কেস কুসম তে ধৌলে সপত পাতাল কী বাণী।।
লোচন স্রমহি বুধি বল নাঠি তা কামু পবসি মাদানী।।

(অঙ্গ ৯৩)

ঠিক যেমন ভক্ত বলেন যে, যৌবনকালে পুরুষ অন্য নারীর দিকে তাকায়, কিন্তু বৃদ্ধ বয়সেও যখন দৃষ্টিশক্তি ও জিহ্বা দুর্বল হয়ে যায়, এবং বুদ্ধিমত্তা হ্রাস পায়, তখনও কামের চক্র শরীরকে পিষে ফেলে। ভক্ত শ্রী

কবীর জি আরও বলেন যে, যদি কেউ জন্মের আগে দেওয়া প্রতিশ্রুতি পালন করে, তাহলে কোটি কোটি মূল্যের রত্নও তার মূল্যের চেয়ে কম। আদেশ হল:

কবীর জইসি ঊপজি পেড তে জ তৈসি নিভহৈ ওডি।।
হীরা কিস কা বাপুরা পুজহি ন রতন করোরি।।১৫৩।।

(অঙ্গ ১৩৭২)

পরিশেষে বলা যায় যে, কচ্ছেরা পবিত্রতা, সতীত্ব এবং নির্মলতার প্রতীক, যা জীবন ও মৃত্যু উভয় সময়তেই আবৃত থাকে। আমাদের উরুর লম্বা হাড় আমাদের দেহে ক্যালসিয়াম (একটি চুনের উপাদান)-এর পরিমাণ নিয়ন্ত্রণ করে। কচ্ছেরা আমাদের দেহের তাপমাত্রাকে উষ্ণ রাখে, কোমল, সূক্ষ্ম করে এবং শরীরের তাপমাত্রার আকস্মিক পরিবর্তন পরিচালনা করে। আমাদের বাম উরুর দীর্ঘ স্নায়ুকে ইড়া এবং ডান দিকেরটিকে পিঙ্গলা বলা হয়। যা সুখমানার সাথে মিলিত হয় এবং দশম দরজায় পৌঁছায়। যোগীরা এগুলিকে প্রাণ অনুশীলনে সহায়ক বলে মনে করেন। কচ্ছেরা দ্বিতীয় চক্রের বৈদ্যুতিক স্থিতিশীলতা বজায় রাখতে সাহায্য করে, যা মানুষের শক্তির সংগঠন নিয়ন্ত্রণ করে। কচ্ছেরাকে প্রাকৃতিক উপাদান জলের সাথে যুক্ত একটি প্রতীক হিসেবে বিবেচনা করা হয়। পরিশেষে, এটা বলা যেতে পারে যে কচ্ছেরা দক্ষতা এবং নিপুণতার সাথে তার উদ্দেশ্য পূরণ করে। এটি তৈরি করা, যত্ন নেওয়া, ধোয়া এবং বহন করা সহজ। এটি পরিধান করা বাধ্যতামূলক, যার জন্য এটি গুরু সাহেব জী কর্তৃক প্রদত্ত প্রেমের উপহার এবং সন্ত সিপাহিদের ব্যবহারের জন্য উপযুক্ত পোশাক।

সদগুরুজি অত্যন্ত করুণা দেখিয়েছেন বলেই, এই 'পঞ্চ কক্কর' পুস্তকটি লেখা সম্পন্ন করা সম্ভব হয়েছে। তার জন্য আমি চিরকৃতজ্ঞ।

এই দুটি লাইন লিখে আমি ক্ষমা চাইছি।
তু ঠাকুরো বৈরাগরো ম্যা জেহি ঘন চেরি রাম।।
তুং সাগরো রতনাগরো হঊ সার ন জানা তেরি রাম।।

(অঙ্গ ৭৭৯)

হে জ্ঞানী মালিক, প্রভু, আপনি ধরা ছোঁয়ার বাইরে; আমার মতো আপনার অনেক দাস আছে।

হে সৎগুরু, আপনি রত্ন-সমুদ্রের উৎস, আমি আপনার গুরুত্ব বুঝতে এবং আপনার মূল্য উপলব্ধি করতে অক্ষম।

রেফারেন্স বই, বই এবং ট্র্যাক্ট

1. শ্রী গুরু গ্রন্থ সাহেব জি
2. শ্রী দশম গ্রন্থ জি
3. শ্রী সরব লোহ গ্রন্থ জি
4. পুরাতন জন্ম সাখী (ভাই বালে ওয়ালী)
5. বাণী ভাই গুরুদাস জি
6. বাণী ভাই নন্দ লাল জি
7. কেসাঁ দি করামাত ডঃ ধর্মানন্ত সিং
8. প্রভু বখশিশ কেশ ট্র্যাক্ট সন্ত সেবা সিং
9. ডঃ তেজিন্দর সিং দ্বারা কেশ কিউ ট্র্যাক্ট
10. জ্ঞানী উধম সিং এর কেশ চমৎকার
11. ডাঃ সরুপ সিং আল্লাগের কেশ প্রসঙ্গ
12. পেয়ারা সিং পদম দ্বারা রেহতনামেহ
13. ককার ফিলোজফি জ্ঞানী লাল সিংয়
14. ডঃ হরজিন্দর সিং দিলগীর দ্বারা শিখ দিয়ান খুবিয়ান ট্র্যাক্ট
15. Victory & Virtue Sikh Dharma International Tract
16. The Sikh Symbols The Sikh Missionary Society U. K. Tract
17. The Sikh Bangle The Sikh Missionary Society U. K. Tract
18. পঞ্চা কে বসি রে জসমের সিংহ হোঠি
19. দশম দুআরা অগম অপারা জসমের সিংহ হোঠি
20. সত বার জসমের সিংহ হোঠি
21. মূল মন্ত্র বিচার জসমের সিংহ হোঠি
22. সন্তন কি মহিমা সম্পাদক: জসমের সিংহ হোঠি